Antica Roma per Adolescenti

Una Guida Avvincente alla Repubblica e all'Impero Romano

© Copyright 2025 - Tutti i diritti riservati.

Il contenuto di questo libro non può essere riprodotto, duplicato o trasmesso senza l'autorizzazione scritta dell'autore o dell'editore.

In nessun caso l'editore o l'autore potranno essere ritenuti responsabili, legalmente o moralmente, per danni, risarcimenti o perdite economiche derivanti direttamente o indirettamente dalle informazioni contenute in questo libro.

Avviso legale:

Questo libro è protetto da copyright. È destinato esclusivamente all'uso personale. Non è consentito modificare, distribuire, vendere, utilizzare, citare o parafrasare alcuna parte del contenuto di questo libro senza il consenso dell'autore o dell'editore.

Avviso di esclusione di responsabilità:

Si prega di notare che le informazioni contenute in questo documento sono esclusivamente a scopo educativo e di intrattenimento. È stato fatto ogni sforzo per presentare informazioni accurate, aggiornate, affidabili e complete. Non vengono fornite garanzie di alcun tipo, esplicite o implicite. I lettori riconoscono che l'autore non sta fornendo consigli legali, finanziari, medici o professionali. Il contenuto di questo libro è stato ricavato da varie fonti. Si consiglia di consultare un professionista qualificato prima di tentare qualsiasi tecnica illustrata in questo libro.

Leggendo questo documento, il lettore accetta che, in nessuna circostanza, l'autore potrà essere ritenuto responsabile per eventuali perdite, dirette o indirette, derivanti dall'utilizzo delle informazioni contenute in questo documento, comprese, ma non limitate a, errori, omissioni o inesattezze.

Indice dei contenuti

INTRODUZIONE 1
CAPITOLO 1: ROMOLO E REMO 3
CAPITOLO 2: CHE COS'ERA LA REPUBBLICA ROMANA? 15
CAPITOLO 3: DALLA REPUBBLICA ALL'IMPERO 27
CAPITOLO 4: L'ESERCITO ROMANO 40
CAPITOLO 5: PATRIZI, PLEBEI E SCHIAVI 51
CAPITOLO 6: TEMPO LIBERO, INTRATTENIMENTO ED ECONOMIA 61
CAPITOLO 7: I PRINCIPALI SUCCESSI DELL'ANTICA ROMA 72
CAPITOLO 8: FIGURE COLOSSALI 82
CAPITOLO 9: COSTANTINO E IL CRISTIANESIMO 94
CAPITOLO 10: LA CADUTA DI UN IMPERO 106
SOLUZIONI DELLE ATTIVITÀ DI RIEPILOGO 116
BIBLIOGRAFIA 122
FONTI DELLE IMMAGINI 125

Introduzione

Rea Silvia ansimava per il dolore. Aveva nascosto la sua gravidanza, ma ormai era in travaglio. Cosa avrebbe fatto suo zio Amulio? Aveva rubato il trono a suo padre e l'aveva costretta a diventare una Vestale. Se qualcuno lo avesse scoperto, sarebbe stata sepolta viva. Forse avrebbe potuto partorire in segreto e nascondere il bambino da qualche parte. All'improvviso, sentì delle urla provenire dal tempio e dei passi lungo il corridoio. La sua porta si aprì di scatto: era Dora, un'altra sacerdotessa, con gli occhi spalancati per il terrore che si leggeva sul suo volto.

"Rea! La fiamma eterna si è spenta. Siamo tutte condannate! La dea Vesta è furiosa: qualcuna ha infranto il voto di castità!". Il volto di Dora impallidì quando si accorse che Rea stava partorendo. "Sei stata tu!".

Che cosa accadde a Rea e ai suoi gemelli appena nati? Lo scopriremo nel primo capitolo, insieme alla storia di Enea, che fuggì dalla distruzione di Troia per fondare una nuova città. L'antica Roma non ha mai avuto momenti noiosi. Questo libro esplora i drammi politici e le storie ispiratrici di coloro che hanno fondato Roma, sviluppato una Repubblica e conquistato un impero. Stiamo parlando di uomini e donne straordinari che hanno scritto la storia.

Come si svolsero queste storie sensazionali? Perché l'esercito romano era una forza inarrestabile? Perché gli schiavi di Roma si ribellarono e quali furono le conseguenze? Quali problemi sociali portarono a diverse guerre civili? E cosa accadde quando le classi più umili non riuscirono più a sopportare la loro condizione? Questo viaggio nella storia dell'antica Roma esaminerà tutto questo e molto altro.

Cosa rendeva Roma straordinaria? Roma si trasformò da una modesta città-stato a un incredibile impero che si estendeva dal Medio Oriente al Nord Africa fino alla Britannia. La sua politica, filosofia, architettura, lingua e la religione hanno lasciato un'eredità duratura che continua a influenzare il nostro mondo odierno. Ma, soprattutto, Roma è una storia di persone. Persone buone, brillanti, psicopatiche, assetate di potere, disperatamente povere: tutte hanno fatto parte della sua stupefacente storia. Questo libro darà vita alla loro disperazione, alla loro astuzia e ai loro trionfi.

Perché studiare la storia? Perché ci offre una prospettiva sul presente e sul futuro. Alcune storie di Roma sono edificanti, ma altre sono lezioni su cosa *non* fare! Conoscere la storia e la cultura di Roma ci aiuta a capire perché il mondo è come lo vediamo oggi. Quanti paesi, in tutto il mondo, hanno un sistema di governo basato sulla repubblica romana? Analizzare i leader di Roma ci aiuta a capire come i politici competenti possano condurre il loro Paese verso la pace e la prosperità, mentre i leader incapaci possano trascinarlo nella disperazione.

Torniamo indietro nel tempo per scoprire cosa è successo ai gemelli e come si sono svolti i fatti in seguito.

Capitolo 1: Romolo e Remo

Che cosa accadde ai due gemelli, Romolo e Remo? Prima di scoprirlo, dobbiamo esplorare un altro mito che prepara il terreno per la loro storia. Quando ci immergiamo nei miti antichi, dobbiamo ricordare che non si tratta di pura finzione. La maggior parte dei miti ha un nucleo interno di storia reale. La sfida consiste nel separare la verità dalla finzione. Nel corso dei secoli, le storie antiche sono state raccontate e ritoccate più volte: alcune parti sono state omesse, altre aggiunte.

Le avventure di Enea

La storia di Enea inizia nell'antica Troia. Recenti scoperte indicano che Troia fosse una città reale situata sulla costa nord-occidentale dell'attuale Turchia. Secondo i libri di storia greca, la guerra di Troia avvenne intorno al 1200 a.C. Enea era il figlio del principe troiano Anchise e, secondo il mito, della dea Afrodite. Sua madre vegliò su Enea, salvandogli la vita più volte durante la guerra di Troia. Il guerriero greco Achille uccise Ettore, cugino di Enea e principe ereditario di Troia. Una notte, Enea fece un sogno in cui il fantasma di suo cugino gli apparve.

"Enea, svegliati! I Greci sono entrati in città, porta via la tua famiglia! Ti aspetta un lungo viaggio per mare e poi fonderai una nuova città".

Enea si svegliò di soprassalto. La città era avvolta nel fumo. Portò il vecchio padre sulle spalle, mentre il figlioletto Ascanio e la moglie Creusa correvano con lui verso le porte della città. Appena usciti dalle porte, Enea si accorse che Creusa non era con loro. Tornò di corsa in città, ma il fantasma di Creusa lo raggiunse. I Greci l'avevano uccisa.

"Lascia Troia. Salva nostro figlio. Naviga verso l'Italia!".

Enea fugge da Troia con la sua famiglia. Dipinto di Pompeo Batoni.[1]

Mentre il fumo nero si levava da Troia, Enea trovò suo padre e suo figlio, guidando gli altri sopravvissuti verso il Monte Ida. Lì costruirono venti navi e navigarono lungo il Mar Egeo. Durante il viaggio, incontrarono un altro sopravvissuto, il principe Eleno, che disse a Enea: "Quando troverai una scrofa bianca con trenta porcellini, fermati. È lì che dovrai costruire la tua nuova città".

Enea e il suo gruppo navigarono verso la Sicilia, dove sfuggirono per un soffio ai Ciclopi, i mostri con un solo occhio. Ma quando cercarono di dirigersi verso l'Italia, si imbatterono in una feroce tempesta che li fece finire fuori rotta. Dopo molti giorni, sbarcarono su una spiaggia tranquilla. Si trovavano in Nord Africa, dove alcuni Fenici provenienti dal Libano avevano da poco fondato una colonia. La loro regina era Didone e stavano costruendo la città di Cartagine. Enea e la regina Didone si sentirono immediatamente attratti l'uno dall'altra, tanto che Enea dimenticò del tutto le profezie sul suo destino di fondare una città in Italia.

Il dio Mercurio fece visita a Enea. "Non dimenticare il tuo destino, che ti è stato assegnato dagli dèi. Devi regnare in Italia!".

Didone andò fuori di sé quando seppe che Enea stava per partire. "Non posso vivere senza di te. Se te ne vai, giuro che mi ucciderò!".

Ma Enea e i suoi seguaci salparono all'alba, risalendo la costa occidentale dell'Italia. Risalirono il fiume Tevere fino alle terre governate dal re Latino. Egli aveva appena sognato che sua figlia avrebbe sposato uno straniero e che i Latini avrebbero governato il mondo. Nel frattempo, Enea e i suoi uomini stavano per sacrificare una scrofa bianca per celebrare il loro arrivo in Italia. Questa riuscì tuttavia a scappare, inoltrandosi nella foresta. Enea la inseguì, trovandola il mattino seguente: la scrofa aveva partorito trenta porcellini! La profezia si era avverata: Enea avrebbe costruito la sua città in quel luogo.

I Latini e i Troiani si allearono, ed Enea sposò la principessa Lavinia, figlia del re Latino, chiamando la sua nuova città Lavinio in onore della sua bellissima moglie. Cinque anni dopo, con Lavinia incinta del loro primo figlio, Enea scomparve misteriosamente durante una battaglia contro il popolo dei Rutuli e il suo corpo non fu mai trovato. Ascanio, figlio di Enea e della sua prima moglie Creusa, divenne il nuovo re.

Il re Latino presenta Enea a Lavinia. Dipinto di Giovanni Battista Tiepolo.'

Alba Longa: La città sul lago

Lavinia era preoccupata. Avrebbe dovuto partorire a breve, ma suo marito era scomparso senza lasciare traccia. Il suo bambino non ancora nato sarebbe stato al sicuro dal figliastro Ascanio? Se fosse stato un maschio, Ascanio lo avrebbe considerato una minaccia, cercando di ucciderlo? Decisa a proteggere il figlio, Lavinia si nascose con l'aiuto di Tirreno, il capo dei pastori. Lui la fece rifugiare in una casa tra le montagne, dove diede alla luce il figlio che chiamò Silvio. Il bambino crebbe tra le foreste.

Nel frattempo, il re Ascanio era insoddisfatto di Lavinio. "Questa città non è altro che una palude puzzolente! I suoi vapori stanno facendo ammalare il mio popolo, e queste zanzare sono insopportabili! Non c'è quasi nessun terreno coltivabile. E pensare che tutto ruotava attorno a una profezia su una scrofa!".

Ascanio costruì una nuova capitale, che chiamò Alba Longa, ai piedi del Monte Albano, affacciata su un grande lago. La montagna e il lago fornivano alla capitale una protezione naturale dai nemici. Alba Longa si trovava a circa venti chilometri dal luogo in cui sarebbe poi sorta Roma. Dopo trentotto anni, Ascanio morì. Chi sarebbe stato il re successivo?

A quel punto, Tirreno portò Lavinia e Silvio giù dalla montagna ad Alba Longa. Ovviamente, il figlio di Ascanio, Iulo, sfidò Silvio, ma il popolo della città discusse la questione. Silvio era il nipote del re Latino e il figlio del re Enea. Nelle sue vene scorreva sia sangue latino che troiano. Iulo, invece, era solo troiano e i Latini volevano avere una rappresentanza. Alla fine, il popolo votò a favore di Silvio, mentre Iulo venne relegato al ruolo di sacerdote. Secoli dopo, un suo discendente, Giulio Cesare, sarebbe diventato dittatore a vita di Roma. Nei secoli che vennero, i discendenti di Silvio regnarono su Alba Longa, e il dodicesimo re che salì al trono fu Numitore.

Romolo e Remo

Numitore era re di Alba Longa, anche se suo fratello minore, Amulio, desiderava il trono. Uno dei motivi, oltre alla sete di potere, era una profezia inquietante: un veggente gli aveva detto che un discendente di suo fratello lo avrebbe ucciso. Pertanto, voleva assicurarsi che non ci fossero eredi. Numitore aveva un solo figlio, Egesto. Amulio portò il nipote a una battuta di caccia e il ragazzo morì in un "tragico incidente".

A quel punto, rimaneva solo un'altra persona da temere: la figlia di Numitore, Rea Silvia.

Amulio orchestrò un colpo di stato e cacciò Numitore, costringendo in seguito Rea Silvia a diventare una *Vestale*. Il tempio della dea *Vesta*, la divinità principale dei Troiani e dei Latini, ospitava sei sacerdotesse che giuravano di rimanere vergini per trent'anni. Se avessero infranto il voto, sarebbero state sepolte vive. Se Rea fosse rimasta vergine, non avrebbe avuto figli, e Amulio avrebbe potuto regnare senza temere di essere ucciso dai discendenti del fratello.

Ma Rea Silvia rimase incinta.

"Come è potuto accadere?" urlò Amulio quando arrivò al tempio. "Dovresti essere sepolta viva!".

Rea raccontò la sua storia. "Ero andata al pozzo per prendere dell'acqua. All'improvviso, vidi un lupo! Corsi a nascondermi in una grotta, e proprio in quel momento un'eclissi solare oscurò il sole. In quell'istante, il lupo si trasformò nel dio Marte! Mi costrinse a giacere con lui, promettendomi però che i miei figli sarebbero diventati eroi".

Amulio camminava nervosamente avanti e indietro. Nove mesi prima c'era stata davvero un'eclissi solare. Forse quei bambini erano davvero semidivini, ma erano pur sempre discendenti di Numitore! Uno di loro avrebbe potuto realizzare la profezia e ucciderlo. Amulio ordinò che Rea fosse rinchiusa in una torre e poi si rivolse a una guardia: "Porta questi bambini al fiume e annegali!".

La guardia prese la cesta con i gemelli e si incamminò. Arrivò al fiume e si sedette a riflettere. E se fossero stati davvero figli di Marte? Se avesse ucciso i figli del dio, questi avrebbe potuto vendicarsi su di lui. Invece di annegarli, mise la cesta nel fiume Tevere.

"Lasciamo che sia Marte a decidere. Se sono i suoi figli, li salverà. Altrimenti, annegheranno".

La cesta galleggiò lungo il fiume con i piccoli al suo interno, finché un'onda improvvisa la spinse su una piccola riva. Una lupa passava da quelle parti. Aveva partorito da poco, ma i suoi cuccioli non erano sopravvissuti. Sentendo i pianti dei piccoli, alzò lo sguardo, drizzò le orecchie e con il naso annusò l'aria. Il suono proveniva dal fiume! Si avvicinò timidamente alla cesta e guardò i piccoli, che urlavano per la fame. Con delicatezza, afferrò i gemelli e li adagiò sull'erba. Poi si sdraiò accanto a loro e li allattò con le sue mammelle dolorosamente gonfie.

Statua dei gemelli con la lupa presso la Maison de la Louve a Bruxelles.⁸

Poco dopo, un pastore di nome Faustolo si avvicinò al fiume per prendere dell'acqua. Sua moglie aveva appena perso il loro bambino. Vide la lupa accanto ai gemelli: che strana scena! La lupa ringhiò, ritirandosi nella foresta. Faustolo mise i bambini nella cesta e li portò a casa. Le lacrime di sua moglie si trasformarono in gioia quando vide i gemelli. Li strinse a sé mentre Faustolo le raccontava come li aveva trovati: "Gli dèi hanno preso il nostro bambino, ma ci hanno dato due figli in cambio!".

Faustolo non aveva idea di quale fosse la vera identità dei bambini. Sapeva che Numitore viveva in esilio nelle vicinanze, ma non immaginava che i suoi figli adottivi fossero i nipoti del re spodestato. I ragazzi crebbero nell'umile casa del pastore, convinti che lui fosse il loro vero padre. Diventarono pastori come Faustolo, ma le loro vite presero una piega inaspettata quando si scontrarono con i pastori di Numitore.

Remo uccise uno dei pastori e Numitore lo fece catturare. Romolo riuscì a fuggire e corse a casa per avvertire Faustolo: il pastore, disperato, si inginocchiò davanti a Numitore supplicando per la vita di Remo. Gli disse che i ragazzi dovevano essere un dono degli dèi, spiegando come li aveva trovati con la lupa.

"Quanto tempo fa è successo?" chiese Numitore.

"Diciotto anni, sire".

"Diciotto anni! È proprio quando mia figlia diede alla luce due gemelli. Non abbiamo mai saputo che fine avessero fatto quei bambini. Devono essere loro! Questi sono i miei nipoti!".

Numitore abbracciò i due giovani uomini, singhiozzando. Infine, si sedettero tutti e Numitore raccontò loro come Amulio gli aveva rubato il trono. "Ha ordinato di uccidere anche voi due".

"Ci vendicheremo" giurarono Romolo e Remo. "Lo uccideremo e ti rimetteremo sul trono di Alba Longa!". Ed è esattamente quello che fecero, realizzando la profezia secondo cui un discendente di Numitore avrebbe tolto la vita ad Amulio.

Quando Numitore fu di nuovo re, i gemelli si guardarono l'un l'altro. "E adesso?" chiese Romolo.

"Potremmo restare qui ad Alba Longa con nostro nonno. Ma perché non costruiamo una nostra città?"

"Sì! La costruiremo dove Faustolo ci ha trovati. Vicino al fiume, dove ci sono le sette colline".

Città di Lavinio, Alba Longa e Roma.'

La fondazione di Roma

Pieni di entusiasmo, i giovani si affrettarono a tornare alle sette colline, progettando di costruire la loro nuova città su una di esse. Ma quale collina? E chi di loro sarebbe stato re? Romolo e Remo si volevano molto bene, ma erano sempre stati delle teste calde. Il rapporto tra i due si inasprì a tal punto che la loro lite divenne così violenta che Romolo uccise Remo. Pianse quando si rese conto di ciò che aveva fatto, ma poi si asciugò le lacrime.

Era tempo di iniziare a costruire la sua nuova città, che chiamò Roma in suo onore. Romolo aveva solo un piccolo gruppo di seguaci. Scelse il colle Palatino, costruendo un muro intorno a esso. Avendo bisogno di più lavoratori, Romolo spedì degli inviti alle regioni vicine: chiunque si fosse unito a lui sarebbe diventato un cittadino. Sì, anche chi non apparteneva alla nobiltà. Persino gli ex schiavi potevano diventare cittadini.

Nella zona in cui Roma fu costruita erano già presenti città e villaggi. Prima della guerra di Troia, un greco di nome Evandro di Arcadia aveva fondato nella regione la città di Pallantium, portando con sé usanze e divinità greche. La maggior parte dei primi cittadini di Roma proveniva da Alba Longa o da Pallantium. Altri popoli che vivevano nei pressi dei sette colli erano gli Etruschi e i Sabini. La nascente città di Roma era una miscela culturale di influenze greche, troiane, latine e locali.

Una nuova città aveva bisogno di un governo. Come sarebbe stato? Romolo convocò un consiglio dei suoi seguaci per discuterne. La monarchia fu la forma di governo celta, e Romolo ne sarebbe stato il re. Tuttavia, sarebbe stata una monarchia insolita, in cui i re erano eletti. Roma avrebbe avuto un senato, un'idea presa in prestito dai Greci. Ogni clan familiare (*gen*) era guidato da un capo chiamato *pater* (plurale: *patres*), ossia "padre". I senatori erano i *patres*, garantendo in questo modo la rappresentanza di ogni gruppo familiare. La maggior parte di queste famiglie fondatrici aveva umili origini, ma col tempo divennero la classe aristocratica *patrizia* di Roma. Solo i membri di queste famiglie potevano diventare senatori.

Uno dei compiti del Senato era eleggere un nuovo re alla morte del sovrano. Inoltre, i senatori fungevano da consiglieri del re. Il re emetteva le leggi, ma i senatori potevano suggerire quali promulgare. Poiché i senatori rappresentavano l'intero popolo di Roma, teoricamente le leggi avrebbero dovuto beneficiare tutti. Naturalmente, questo creò delle difficoltà quando nuove persone, che non facevano parte delle famiglie fondatrici, si trasferirono a Roma.

Il problema principale di Romolo era la mancanza di donne, a fronte di un elevato numero di uomini. Romolo iniziò con i suoi compagni pastori e con una banda di giovani disposti a combattere per vivere. Una volta fondata Roma, raccolse ex schiavi, lavoratori itineranti e altri uomini in cerca di fortuna. Che tuttavia erano quasi tutti scapoli. Aveva bisogno di circa tremila giovani donne da offrire come mogli ai suoi uomini, ma dove avrebbe potuto trovarle? Le città e i villaggi vicini si rifiutarono di combinare matrimoni con il suo gruppo di uomini senza radici.

Senza mogli, la città non avrebbe avuto figli e, quindi, nessun futuro. Romolo escogitò un piano: invitò i Sabini, popolo vicino, a una festa religiosa. I Romani offrirono agli uomini sabini del vino molto alcolico, mentre conservarono per sé un vino diluito e meno forte. I Sabini si ubriacarono, mentre i romani finsero solamente di essere alticci. Quando i Sabini si addormentarono, i Romani rapirono le loro giovani donne.

I Romani rapiscono le donne sabine. Dipinto di Nicolas Poussin.[5]

Il giorno dopo, i Sabini si resero conto di ciò che era accaduto. Il popolo sabino esclamava: "Restituiteci le nostre donne!". "Ormai sono nostre" rispose Romolo.

Due delle città sabine attaccarono Roma, ma furono sconfitte. I Sabini, allora, cercarono alleati nelle altre città, raccogliendo consensi fino a radunare un enorme esercito. Tuttavia, con il passare dei mesi, molte delle giovani sabine erano ormai incinte dei loro nuovi mariti. Quando gli eserciti si affrontarono, le donne si interposero tra le due linee.

"Padri! Fratelli! Perché fate questo?" gridarono le donne, rivolgendosi ai Sabini. Poi si girarono e affrontarono i Romani. "Mariti! Smettete di combattere!". Le donne si voltarono di nuovo, supplicando gli uomini sabini: "Nei nostri ventri ci sono i vostri nipoti! Se uccidete i nostri mariti, uccidete i loro padri! Pensate ai vostri nipoti. Se non potete, allora uccidete noi, perché state combattendo per causa nostra".

I soldati di entrambe le parti rinfoderarono le spade e gettarono le lance. I Sabini e i Romani formarono un regno unito, con il re sabino Tito Tazio come co-regnante insieme a Romolo. Questa soluzione funzionò per circa cinque anni. Poi, Tito Tazio trovò la morte per mano di ignoti, e Romolo divenne il re sia dei Sabini che dei Romani.

Romolo era un genio militare, ma non andava d'accordo con i suoi senatori. Un giorno, la tensione tra loro crebbe così tanto che i senatori lo fecero a pezzi: in quel momento, un vento violento soffiò su Roma e un'eclissi solare oscurò il cielo. I senatori nascosero i resti del corpo, affermando che il vento lo aveva portato via. I cittadini perlustrarono così la regione, alla ricerca di Romolo. I senatori si resero conto di non poter eleggere un nuovo re: tutti pensavano che Romolo potesse essere ancora vivo. Naturalmente, i senatori non potevano ammettere di averlo ucciso.

Alla fine, trovarono una soluzione. Un senatore anziano e molto rispettato, Proculo Giulio, disse al popolo: "Ho appena avuto una visione di Romolo che saliva in cielo. Ora è il dio Quirino. Ha detto che il suo lavoro qui è terminato, ma che veglierà su di voi dall'alto".

Il popolo tirò un sospiro di sollievo e smise di cercare Romolo. Ora, potevano scegliere un nuovo re!

Verità o finzione?

Ricorda che i miti contengono elementi di storia reale, ma mescolano anche molta finzione. Sebbene Romolo abbia presumibilmente fondato Roma, intorno al 753 a.C., la più antica storia scritta di Roma risale a quattro secoli dopo. Romolo e Remo sono realmente esistiti? Secondo gli storici romani, Romolo sarebbe stato sepolto sotto il Foro Romano. Nel 2019, è stata scoperta un'antica tomba sotto l'angolo nord-ovest del Foro. Un altare nella tomba la dichiarava terra sacra. Nella tomba, tuttavia, non erano presenti resti umani, ma ricorda che nessuno (tranne i senatori) sapeva dove fosse il corpo di Romolo. La "tomba" potrebbe essere stata semplicemente un luogo per onorarlo.

Una scultura in bronzo, raffigurante una lupa rinvenuta a Roma, risale al V secolo a.C., e le monete del III secolo a.C. raffigurano la lupa che allatta Romolo e Remo. Attribuire a Marte la paternità dei gemelli era un tentativo di legare l'eredità romana al dio della guerra. La lupa e l'uccisione di Remo da parte del fratello non compaiono in tutti i racconti antichi, ma il collegamento con Enea e Troia è sempre presente, forse per dare più potere e legittimità a Roma. Il malvagio re Amulio è una figura ricorrente, il che suggerisce che questa parte della storia sia probabilmente vera.

Attività di riepilogo

Riesci a risolvere il cruciverba qui sotto? Le risposte sono in fondo al libro se hai bisogno di aiuto.

Chi o cosa sono?

Orizzontale:

3. Ero il figlio di Lavinia e re di Alba Longa
4. Ho rubato il trono di mio fratello Numitore
5. Ero la regina di Cartagine e amante di Enea
7. Sono stato ucciso da mio fratello Romolo
8. Sono un dio e il padre di Romolo e Remo
10. Sono fuggito da Troia e ho fondato Lavinio
11. I Romani hanno rapito le nostre donne

Verticale:

1. Ero un pastore che ha cresciuto i gemelli
2. Ero il padre di Rea Silvia
4. Sono una dea e madre di Enea
6. Sono stato il primo re di Roma
7. Ero una Vestale che ebbe due gemelli
9. Una grande guerra avvenne qui

Capitolo 2: Che cos'era la Repubblica Romana?

A partire da Romolo, i re governarono Roma per oltre duecento anni. Intrighi e crudeltà segnarono i regni degli ultimi re, a cominciare dall'assassinio di Tarquinio Prisco. Questo re, in realtà, non avrebbe mai dovuto salire al trono. Era per metà greco e non proveniva da Roma, ma era ricco e felice di aiutare gli altri. Divenne amico del precedente re, Anco Marzio, che lo nominò suo secondo in comando.

Quando Marzio morì, i suoi figli erano troppo giovani per governare, così i senatori elessero Tarquinio come re. Egli finì per essere uno dei migliori sovrani di Roma: fu un comandante militare impressionante, che espanse il territorio di Roma nell'Italia centrale. Costruì il *Circo Massimo*, un grande stadio per le corse dei carri, i giochi e i combattimenti dei gladiatori, e realizzò la *Cloaca Maxima*, un sistema fognario tra i primi al mondo.

Un assassinio sconvolge il palazzo

Servio Tullio, probabilmente figlio illegittimo di Tarquinio, crebbe nel palazzo. Quando Tarquinio designò Tullio come suo successore, i patrizi e i figli di Anco Marzio si infuriarono, quindi assoldarono degli assassini che lo uccisero. Decisa a non perdere il potere, la regina Tanaquil cospirò con Tullio. Sapeva che qualcuno al di fuori della famiglia sarebbe diventato re, poiché i suoi figli erano troppo giovani. Questo significava che i suoi figli non avrebbero mai avuto la possibilità di regnare. Così, si affacciò dal balcone davanti al popolo radunato sotto di lei e dichiarò: "Cittadini romani, prima di morire, mio marito ha nominato Tullio come reggente. Quando i nostri figli saranno più grandi, il Senato potrà eleggere uno di loro come re".

Servio Tullio. Dipinto di Frans Huys.⁶

Il complotto della regina Tanaquil si ritorse contro di lei. Quando i suoi figli divennero adulti, Tullio mantenne la corona. I *plebei* (plebs, ossia il popolo della classe lavoratrice) lo adoravano. Solo le persone che possedevano terre potevano votare, pertanto assegnò terre ai plebei in cambio dei loro voti. Cominciò in seguito a parlare di liberare gli schiavi e concedere loro la cittadinanza. I patrizi si lamentarono: "Come faremo senza gli schiavi che lavorano nelle nostre fattorie? I plebei stanno già influenzando troppo il voto!".

Nel frattempo, il figlio della regina Tanaquil, Tarquinio, complottava per rovesciare Tullio. Si alleò con la moglie di suo fratello, Tullia, che era anche figlia di Tullio: entrambi avvelenarono i rispettivi coniugi e poi si sposarono. I senatori, già irritati con Tullio, si lasciarono influenzare da Tarquinio, che pronunciò un infuocato discorso in Senato.

Quando il re Tullio lo venne a sapere, si precipitò in Senato, ma Tarquinio lo spinse giù per le scale. Nessuno lo aiutò e il re, ferito e umiliato, iniziò a zoppicare verso casa. Non riuscì mai a raggiungerla, perché i complici di Tarquinio lo assassinarono per strada. Nel frattempo, il Senato elesse Tarquinio come re e Tullia, felice, si congratulò con il nuovo marito.

I senatori si pentirono immediatamente di aver eletto Tarquinio come re. Egli si circondò di guardie del corpo e iniziò a ridurre il potere del Senato. Eliminò chiunque pensasse potesse opporsi a lui: alcuni senatori furono giustiziati o esiliati con false accuse. Altri furono assassinati da sicari segreti. Tarquinio arrivò persino a uccidere il marito di sua sorella. Il figlio di quest'ultima, Bruto, finse di essere mentalmente disabile pur di sopravvivere.

La caduta della monarchia

Il figlio del re Tarquinio, Sesto Tarquinio, era crudele quanto suo padre. Voleva Lucrezia, la bellissima moglie di suo cugino. Ma lei amava suo marito, Collatino, ignorando Sesto. Non sopportando il rifiuto, Sesto si impose con la forza su Lucrezia. La mattina seguente, Lucrezia inviò un messaggio a suo marito e a suo padre, che erano in guerra, chiedendo loro di tornare immediatamente e di portare dei testimoni. Tra questi c'era Bruto, il nipote del re Tarquinio, che aveva finto di essere mentalmente disabile.

Quando arrivarono, Lucrezia raccontò loro in lacrime ciò che era successo. Cercarono di confortarla: "Non è stata colpa tua. Lui era più forte di te".

Ma Lucrezia, piangendo, implorò: "Promettetemi che mi vendicherete!".

Poi, con orrore di tutti, si pugnalò a morte. Il padre e il marito si accasciarono a terra, disperati. Bruto si alzò, afferrò il coltello e lo alzò al cielo. "Rovescerò la malvagia famiglia Tarquinio! Chi è con me?".

Bruto giura vendetta per Lucrezia. Dipinto di François-Joseph Navez.[7]

Gli altri uomini alzarono i loro pugnali. "Con il fuoco, la spada e ogni mezzo necessario, libereremo Roma dai re per sempre!".

Questo atto diede il via a una rivoluzione che abbatté la monarchia di Roma. Portarono il corpo di Lucrezia nel Foro e raccontarono ai senatori ciò che Sesto Tarquinio aveva fatto.

"Comportatevi da uomini e da veri Romani!" urlò Bruto alla folla che si stava radunando. "Prendete le armi contro il nemico di tutti noi!".

La famiglia reale fuggì dalla città. L'esercito romano diede il proprio sostegno alla rivoluzione. Tarquinio cercò aiuto tra alcune tribù vicine, ma fallì nel tentativo di riconquistare Roma. I Romani formarono una nuova forma di governo chiamata Repubblica.

Come era strutturata la Repubblica Romana?

I Romani sostituirono il loro re con due *consoli* eletti, che rimanevano in carica per un anno. L'idea era che due capi di Stato potessero bilanciarsi a vicenda: ciascuno aveva il potere di veto sulle decisioni dell'altro. I due consoli erano i comandanti in capo dell'esercito. All'inizio della Repubblica Romana, i consoli nominavano i senatori. Dopo l'epurazione del re Tarquinio, il Senato fu ricostituito con cento uomini. In caso di crisi, il Senato poteva raccomandare un *dittatore* temporaneo, che poteva rimanere in carica solo fino a quando durava la crisi, o per sei mesi, a seconda di quale delle due condizioni si fosse verificata per prima. Il dittatore aveva il potere di prendere decisioni rapide senza passare attraverso i canali consueti.

La Repubblica Romana era una democrazia? Non proprio, dato che non tutti i cittadini potevano votare. C'erano elezioni per la leadership, ma potevano votare solo gli uomini che facevano parte delle assemblee. I senatori erano un consiglio consultivo dei consoli e votavano sulle proposte di legge. Erano nominati dai consoli (e in seguito dai censori). Il Senato romano era un luogo piuttosto turbolento, dove i senatori si lanciavano fischi, insulti e accuse personali durante i dibattiti.

Il Senato romano in un affresco di Cesare Maccari.'

L'*Assemblea Centuriata* eleggeva i consoli, i censori e i pretori. Una *centuria* era un'unità di cento soldati e ognuna di esse aveva diritto a un voto. Successivamente, Roma aggiunse un'*Assemblea delle Tribù*, non militare. Ogni tribù rappresentava un'area geografica. Questa assemblea eleggeva alcuni magistrati, emanava leggi e giudicava i crimini più gravi. Nel 494 a.C. Roma aggiunse l'*Assemblea della Plebe*, che, in rappresentanza della classe lavoratrice, poteva proporre nuove leggi e porre il veto alle leggi che la classe superiore cercava di far approvare.

I *censori* si occupavano del *censimento* (il conteggio dei cittadini) e mantenevano la moralità pubblica. Potevano intervenire contro minacce alla sicurezza pubblica o comportamenti considerati immorali o indegni.

I *pretori* venivano eletti come giudici, generali dell'esercito e governatori delle province. Se entrambi i consoli erano impegnati in guerra, il praetor urbanus gestiva la situazione a Roma. I *tribuni* avevano diversi incarichi. Uno di questi guidava l'Assemblea della Plebe, quando questa fu istituita. Due tribuni militari guidavano ogni *legione* romana, composta da circa cinquemila soldati. Altri tribuni raccoglievano le tasse e si occupavano dell'erario. I consoli, i censori, i pretori, i tribuni e i comandanti militari erano tutti *magistrati* eletti per un mandato di un anno.

Una vittoria di Pirro

Nei primi secoli della sua esistenza, la Repubblica Romana prese il controllo dell'Italia centrale. I Greci avevano governato l'Italia meridionale per centinaia di anni. Nel 280 a.C., Roma violò un accordo con Taranto, una città greca situata nel "tacco" dello stivale italiano. Roma avrebbe dovuto tenersi lontana dal Golfo di Taranto, nell'Italia meridionale. Eppure, con coraggio, fece entrare una flotta di navi nel golfo. Una tempesta spinse dieci di queste navi verso Taranto. Gli abitanti di Taranto, infuriati, affondarono cinque navi e ne catturarono altre.

Roma dichiarò guerra e i Tarantini chiesero aiuto a un vecchio amico, il re Pirro dell'Epiro. L'Epiro era un paese povero nella Grecia settentrionale, ma Pirro era un parente di Alessandro Magno e aveva in mente di costruire un proprio impero. Con l'aiuto dei suoi parenti reali in Macedonia, Egitto e Medio Oriente, prese in prestito soldi, soldati, cavalli ed elefanti da guerra. Tecnicamente, Pirro vinse le prime due battaglie, ma subì perdite così pesanti che le sue vittorie furono chiamate *vittorie di Pirro*, ossia vittorie che non valevano il costo di vite e risorse. Dopo aver perso la terza battaglia, Pirro tornò sconfitto nell'Epiro. Roma conquistò l'Italia meridionale.

Che cosa furono le guerre puniche? (264-146 a.C.)

Cartagine, situata in Nord Africa, era un impero marittimo che controllava il commercio nel Mediterraneo meridionale. Roma voleva quell'impero e combatté tre guerre leggendarie contro Cartagine per ottenerlo. Il termine "punico" deriva dal latino *poenus*, che si riferisce ai Fenici del Libano, che fondarono Cartagine. In quel momento, Roma non aveva mai combattuto una guerra al di fuori dell'Italia e non possedeva nemmeno una flotta militare. La guerra iniziò sull'isola di

Sicilia, a soli dieci chilometri dalla punta dello stivale italiano. La maggior parte delle città siciliane erano colonie della Grecia o di Cartagine.

Roma intervenne in Sicilia quando i pirati Mamertini chiesero il suo aiuto. I Mamertini avevano razziato navi e città costiere per decenni. Alla fine, Cartagine inviò delle truppe a Messana, sulla costa orientale della Sicilia. Sebbene i Romani non fossero entusiasti di collaborare con i pirati, volevano una posizione strategica in Sicilia. Nel 264 a.C. attraversarono lo Stretto di Messina, colsero di sorpresa i Cartaginesi e li costrinsero alla fuga. Nel 262 a.C., Roma aveva circa ventimila truppe in Italia.

Roma sapeva di aver bisogno di una flotta se voleva battere Cartagine. Così, nel giro di pochi mesi, i Romani costruirono 120 navi da guerra e addestrarono i loro uomini a navigare. I Romani, essendo maestri nel combattimento corpo a corpo, idearono delle lunghe passerelle chiamate *corvi* che potevano essere agganciate alle navi nemiche per abbordarle. Usarono anche delle catapulte per lanciare missili infuocati contro le navi cartaginesi.

Tutti rimasero scioccati quando la nuovissima flotta di Roma sconfisse Cartagine nelle sue prime due battaglie. I Romani costruirono altre cento navi da guerra e addestrarono quattordicimila marines. Incredibilmente, Roma vinse la battaglia di Capo Ecnomo, una delle più grandi battaglie navali della storia. Complessivamente, Roma e Cartagine avevano trecentomila marines e 680 navi.

Una nave da guerra romana trireme.[9]

Tuttavia, la situazione si capovolse quando Roma attaccò il Nord Africa. I leggendari mercenari greci intervennero in aiuto di Cartagine, infliggendo una pesante sconfitta ai Romani: dodicimila soldati furono uccisi, lasciando solo duemila sopravvissuti. Un'altra flotta romana arrivò per salvare i superstiti, ma un ciclone in mare provocò uno dei più gravi naufragi dell'antichità, affondando 320 navi e annegando centomila marines romani. Cartagine pensò che Roma si sarebbe arresa, ma non fu così.

I Romani si riorganizzarono e tornarono in campo, sconfiggendo Cartagine in altre due battaglie. Ma poi, un'altra tempesta micidiale affondò 150 navi. Ci fu in seguito un problema con i polli. Il console Pulcher, che guidava la flotta romana in un attacco a sorpresa contro Cartagine, aveva portato con sé dei polli sacri per predire il futuro. Tuttavia, questi si rifiutarono di mangiare, un presagio che preannunciava un esito negativo per la battaglia. Pulcher, non accettando ciò che i polli gli avevano detto, li gettò tutti in mare.

I polli avevano ragione. Pulcher perse la battaglia, e la sconfitta fu così disastrosa che Roma lo richiamò, accusandolo di empietà per aver affogato i polli sacri. Dopo aver costruito una nuova flotta di navi, nel 241 a.C. i Romani ebbero la meglio e Cartagine si arrese. Conquistarono la Sicilia, il loro primo territorio al di fuori dell'Italia, e anche la Sardegna, una grande isola a nord della Sicilia.

Cartagine aveva colonie sulla costa dell'Iberia (Spagna). Dopo la guerra, espanse il suo potere fino a coprire quasi tutta la Spagna. Le ricchezze di questa provincia aiutarono Cartagine a riprendersi dalle perdite subite nella guerra contro Roma. Il comandante di Cartagine era Annibale. Nel 219 a.C. attaccò la città di Sagunto, in Spagna, alleata commerciale di Roma, uccidendo tutti gli adulti della città. Roma dichiarò guerra: era l'inizio della Seconda Guerra Punica.

Quando il generale romano Scipione Africano arrivò in Spagna, Annibale era sparito. Dov'era? Annibale stava marciando verso nord con novantamila uomini, dodicimila cavalieri e trentasette elefanti. Attraversò la Spagna, superò i Pirenei e attraversò la Gallia (Francia) fino alle Alpi, che separavano la Francia dall'Italia. Con il suo enorme esercito, Annibale scalò le Alpi dell'Isère, alte tremila metri, su sentieri stretti e ghiacciati e attraverso la neve alta.

Il suo obiettivo era un attacco a sorpresa all'Italia da nord, ma gli costò caro. Perse più della metà del suo esercito e dei suoi cavalli nell'insidiosa salita. Tuttavia, il suo piano funzionò, perché i Romani pensavano che fosse ancora in Spagna da qualche parte. Poi, improvvisamente, Annibale apparve nell'Italia settentrionale! Attraversò l'Italia, distruggendo i suoi terreni agricoli e sconfiggendo l'esercito di Roma, molto più grande del suo, in diverse battaglie. Nella battaglia di Canne, uccise 50.000 soldati romani, perdendone solo 5.700.

Nel frattempo, Scipione Africano attaccò le forze cartaginesi rimaste in Spagna e ottenne una vittoria sorprendente, catturando il tesoro e i rifornimenti. Poi salpò verso Cartagine con una flotta di 440 navi. Dopo aver saputo che Scipione stava attaccando Cartagine, Annibale tornò in patria in tutta fretta. Mandò i suoi ottanta elefanti da guerra alla carica contro i Romani, ma Scipione conosceva bene gli elefanti. I suoi uomini si fecero da parte, lasciando passare gli elefanti, poi li radunarono con le lance e mandarono le possenti creature alla carica verso i Cartaginesi. Ancora una volta, Roma vinse la guerra. Cartagine fu costretta a rinunciare alla sua flotta e accettò di non attaccare nessuno senza il permesso di Roma.

Roma ottenne la vittoria radunando gli elefanti contro i Cartaginesi.[10]

Dopo cinquant'anni di pace, Cartagine era ancora sotto il controllo di Roma, pagando i tributi e non combattendo contro nessuno. Tuttavia, la vicina Numidia continuava ad attraversare il confine e a saccheggiare le terre cartaginesi. Quando Cartagine chiese il permesso di difendersi, la risposta fu negativa, poiché Numidia era un'alleata di Roma. Cartagine decise di combattere comunque contro la Numidia, ma si rivelò un errore madornale. I Numidi erano più abili del previsto e i Cartaginesi non combattevano contro nessuno da cinquant'anni.

Nonostante l'amara sconfitta contro la Numidia in una guerra di autodifesa, Roma punì Cartagine per aver violato il trattato, ordinando al popolo cartaginese di consegnare trecento bambini come ostaggi, di smantellare il proprio esercito e di abbandonare tutte le armi. I Cartaginesi obbedirono. Roma mandò loro allo sbaraglio, dicendo di allontanarsi dalla costa e spostarsi nel deserto. Avrebbero perso il loro commercio marittimo se non avessero potuto rimanere sul mare. Nel deserto, sarebbero stati vulnerabili agli attacchi delle tribù berbere, rimanendo indifesi senza il loro esercito e le loro armature.

Questa volta Cartagine si rifiutò di obbedire e Roma la assediò per tre anni. Alte e spesse mura circondavano Cartagine e i Romani non riuscivano a penetrarle. La malaria mise fuori gioco i Romani per settimane. Infine, Roma nominò console l'affascinante e capace Scipione Emiliano, il nipote adottivo del generale Scipione Africano. Lo mandarono a schiacciare Cartagine, e riuscì nell'impresa. Scipione fece costruire una torre accanto alle mura, dalla quale fu possibile collegarsi attraverso una passerella. Una volta dentro, i Romani distrussero Cartagine, radendola al suolo e incendiandola. Chi non riuscì a fuggire fu ucciso. Fu così che Roma prese il controllo dell'ex impero marittimo di Cartagine.

La conquista della Grecia

Durante la guerra contro Cartagine, Roma lottava anche per il controllo della Grecia e della Macedonia. Il re Filippo V di Macedonia attaccò le città della costa adriatica alleate di Roma. In risposta, Roma invase i territori degli alleati di Filippo in Grecia. (La Grecia, a quel tempo, non era un unico Paese, ma più città-stato spesso in conflitto tra loro). Filippo vinse questa guerra, espandendo i suoi domini in Grecia.

Dopo aver sconfitto Cartagine, Roma si diresse verso la Grecia e prese il territorio di Filippo nel 197 a.C. Quando il figlio di Filippo, Perseo, divenne re di Macedonia, cercò di unire le città-stato greche contro Roma. I Romani stroncarono i suoi sforzi conquistando la Macedonia. Successivamente, Roma invase la Grecia. Nel 146 a.C. i Romani saccheggiarono e bruciarono Corinto, conquistando la Grecia.

Che cos'era il Triumvirato?

Giulio Cesare e Pompeo erano due brillanti generali che combattevano senza sosta. Avevano conquistato molti territori per Roma. Tuttavia, i soldati romani avevano poco da guadagnare dalle conquiste. Pompeo voleva che ogni soldato ricevesse un appezzamento di terreno agricolo nei territori conquistati, così da poter mantenere le proprie famiglie. Ma il Senato si oppose, desiderando quelle terre per sé. Cesare propose una soluzione per superare l'opposizione del Senato: un triumvirato, ossia un accordo di potere tra tre uomini.

Pompeo era popolare grazie alle sue conquiste in Turchia, Siria e Giudea. Cesare pianificò che Pompeo usasse le sue conoscenze per farsi eleggere console. Come console, Cesare avrebbe approvato la legge sulla distribuzione delle terre voluta da Pompeo. La terza persona del Triumvirato era Crasso, l'uomo più ricco di Roma. Il denaro di Crasso avrebbe aiutato a finanziare l'elezione di Cesare e a corrompere i senatori affinché approvassero la legge sulla distribuzione delle terre. Si formò così la "banda dei tre". Questo triumvirato riuscì a far eleggere Cesare come console e a far approvare la legge sulla distribuzione delle terre. Tuttavia, questo accordo segnò anche l'inizio della fine per la Repubblica Romana.

Attività di riepilogo

Cerchia la risposta corretta in queste domande a scelta multipla.

1. Chi costruì il Circo Massimo e il sistema fognario della Cloaca Massima?
    a. Bruto
    b. Annibale
    c. Pirro
    d. Tarquinio Prisco
2. Chi guidò la rivolta che rovesciò la monarchia?
    a. Bruto
    b. Pompeo
    c. Pulcher
    d. Scipione Africano
3. Chi eleggeva i consoli, i censori e i pretori?
    a. Tutti i cittadini maschi
    b. L'Assemblea Centuriata
    c. Il Senato
    d. I tribuni
4. Quale fu una delle più grandi battaglie navali della storia?
    a. La battaglia di Canne
    b. La battaglia di Capo Ecnomo
    c. La battaglia di Pidna
    d. La guerra di Troia
5. Chi gettò i polli sacri in mare?
    a. Pompeo
    b. Pulcher
    c. Scipione Africano
    d. Giulio Cesare

Capitolo 3: Dalla Repubblica all'Impero

Giulio Cesare diede il via a una serie di eventi che segnarono l'inizio di una nuova era per Roma. La Repubblica Romana si trasformò in un impero e l'imperatore detenne un potere molto maggiore rispetto ai consoli. Alcuni imperatori portarono Roma a nuove vette di potere, mentre altri furono instabili e pericolosi. All'inizio della storia dell'Impero, un bambino nato in Giudea trasformò la religione di Roma e cambiò il corso degli eventi mondiali.

La guerra civile di Cesare

Giulio Cesare vinse le elezioni come console nel 59 a.C. e si mise subito al lavoro per far approvare la legge sulla distribuzione delle terre di Pompeo. Quando l'altro console, Bibulo, minacciò di porre il veto alla legge, i seguaci di Cesare gli lanciarono addosso degli escrementi. Bibulo si sentì così umiliato che rimase a casa per il resto dell'anno. Cesare riuscì facilmente a far approvare le sue proposte, soprattutto grazie alle bustarelle ai senatori finanziate da Crasso.

Dopo il suo mandato di un anno come console, Cesare divenne governatore della Gallia Cisalpina (Italia settentrionale) e della Gallia Transalpina (Francia meridionale). Nonostante ciò, il Triumvirato cominciò a sgretolarsi quando la figlia di Cesare, Giulia, morì. Lei aveva sposato Pompeo per suggellare l'alleanza con Cesare. Pompeo adorava sua moglie e fu devastato quando lei morì di parto.

Nel frattempo, la politica di Roma era un disastro e i politici corrompevano apertamente i senatori per far approvare le loro proposte di legge. I Romani erano stanchi della Repubblica: "Forse dovremmo tornare a una monarchia" mormoravano. "Pompeo non sarebbe un ottimo re?".

Pompeo[11]

Pompeo fu il più grande rivale di Cesare nel suo tentativo di governare Roma. Nel 49 a.C., dopo otto anni di permanenza in Gallia, Cesare iniziò il suo viaggio di ritorno a Roma. Il Senato ordinò a Cesare di sciogliere il suo esercito prima di entrare in città. Marciare verso Roma con un esercito era considerato un atto di guerra. Cesare ignorò il Senato e attraversò il fiume Rubicone con la sua legione. Oggi, *attraversare il Rubicone* significa raggiungere un punto di non ritorno o impegnarsi in una rivoluzione.

Cesare non fece del male a nessuno a Roma. Parlò gentilmente ai senatori che non erano fuggiti dalla città, ma saccheggiò il tesoro dello Stato. Aveva bisogno di denaro per il suo prossimo obiettivo: marciare verso la Spagna per affrontare Pompeo. Con il suo esercito, Cesare attraversò le Alpi, passò per la Francia e arrivò in Spagna, cogliendo Pompeo di sorpresa.

Pompeo fuggì in Grecia, inseguito da Cesare. Dopo aver perso una battaglia in Grecia, Pompeo salpò per l'Egitto, che all'epoca viveva il suo dramma interno. Tolomeo XIII era il faraone tredicenne dell'Egitto e sua moglie era la sorella maggiore e co-faraona, Cleopatra. I due erano ai ferri corti. Cercando rifugio dalla guerra civile romana, Pompeo si ritrovò nel bel mezzo della guerra civile egiziana.

Tolomeo XIII uccise Pompeo sperando di guadagnarsi il favore di Cesare. Quando Cesare arrivò poco dopo, Tolomeo gli consegnò la testa di Pompeo in dono. Cesare, tuttavia, non ne fu affatto contento: pianse, e chiese che il suo ex amico avesse una degna sepoltura.

Cleopatra, invece, adottò una strategia più efficace per guadagnarsi il favore di Cesare: divenne la sua amante e unì le sue forze a quelle di Cesare contro il fratello-marito. Tolomeo perse la guerra e annegò attraversando il Nilo.

Cesare rimase l'ultimo uomo del Triumvirato. Cleopatra sposò un altro dei suoi fratelli, Tolomeo XIV, e nel 47 a.C. diede alla luce l'unico figlio di Cesare, Cesarione.

Cesare fu console e, successivamente, dittatore di Roma dal 49 al 44 a.C. Le sue riforme aiutarono i disoccupati e alleggerirono i debiti dei plebei. Istituì il *calendario giuliano*, che era molto simile a quello che usiamo oggigiorno.

Nel 44 a.C., Cesare divenne dittatore a vita. Rifiutò la corona, ma i senatori sapevano che Roma si stava avviando verso una nuova monarchia. Dovevano fermare Cesare prima che acquisisse un potere maggiore. Alle Idi di marzo (15 marzo) del 44 a.C., i senatori attaccarono Cesare in Senato, pugnalandolo ventitré volte. I cittadini di Roma adoravano Cesare. Il suo funerale si trasformò in una rivolta, e i senatori furono costretti a fuggire dall'Italia.

I senatori uccidono Cesare alle Idi di marzo.[18]

Il Secondo Triumvirato

Cesare nominò suo nipote adolescente, Ottaviano, come erede. Tuttavia, il nuovo console di Roma, Marco Antonio, impedì a Ottaviano di ricevere i titoli di Cesare. Roma cadde nel caos. Alcuni degli assassini di Cesare promisero la libertà agli schiavi di Roma se avessero combattuto per loro, ma le popolazioni delle province italiane adoravano Cesare per le sue leggi sulla distribuzione delle terre e formarono un esercito per punire i suoi assassini.

Quando Antonio concluse il suo mandato annuale come console, il Senato lo nominò governatore della Macedonia. Antonio voleva comunque rimanere vicino agli eventi di Roma: pretese di governare l'Italia settentrionale e marciò con il suo esercito per reclamarla. I senatori spedirono Ottaviano contro di lui, ma Antonio, spostandosi in Gallia, si alleò con l'amico Lepido, governatore della Spagna e di parti della Gallia.

Quando Ottaviano tornò a Roma, scoprì che i senatori stavano complottando per assassinarlo. Avevano nominato Bruto, tra i senatori che avevano ucciso Cesare, comandante in capo dell'esercito. Una parte dell'esercito, tuttavia, era composta dalle legioni di Cesare provenienti dalla Gallia. Questi uomini erano fedelissimi di Cesare, ma passarono dalla parte di Ottaviano, che si autoproclamò nuovo console di Roma.

Il nemico del tuo nemico è tuo amico (a volte). Ottaviano aveva bisogno di aiuto per affrontare i senatori, così, nel 43 a.C., si unì ad Antonio e Lepido nel Secondo Triumvirato. Insieme, sconfissero i loro nemici, ma il Triumvirato si sgretolò rapidamente. Prima Ottaviano e Lepido litigarono, poi Antonio si innamorò di Cleopatra. I due complottarono segretamente per fare del figlio di Cleopatra, Cesarione, l'erede di Cesare, pianificando di governare Roma attraverso di lui. Ottaviano dichiarò guerra ad Antonio e Cleopatra. Gli amanti persero e si suicidarono. La Repubblica Romana si stava già trasformando nell'Impero Romano, anche se nessuno se ne rese conto immediatamente.

Ottaviano (Cesare Augusto) fu il primo imperatore di Roma.[18]

In che cosa la Repubblica e l'Impero erano diversi?

Quali cambiamenti portarono alla transizione di Roma da Repubblica a Impero? Quando Ottaviano tornò dall'Egitto, aveva intenzione di diventare imperatore. Tuttavia, fu abbastanza intelligente da farlo in modo furtivo e lento: fece finta di essere umile e si comportò come se fosse a favore del Senato e della Repubblica. Il cambiamento fu così graduale che la maggior parte delle persone quasi non si accorse della differenza.

Ottaviano divenne console nel 31 a.C. e lavorò per riportare la stabilità a Roma. Restituì parte del potere al Senato, ma quest'ultimo gli affidò comunque gran parte dell'autorità. I senatori gli chiesero di continuare a essere console oltre il mandato di un anno. Le province erano nel caos dopo la guerra civile. Quando il Senato chiese a Ottaviano di prendere il controllo delle province, egli accettò, sorridendo tra sé e sé. Controllare le province significava controllare l'esercito.

Nel 27 a.C., il Senato conferì a Ottaviano il titolo di *Augusto*, che significa "esaltato" o "magnifico". Poiché Cesare era il nome della sua famiglia, il suo nuovo nome divenne Cesare Augusto. In seguito, il nome "Cesare" diventò un titolo per gli imperatori. Il Senato gli conferì anche il titolo di *Princeps Senatus* e *Princeps Civitatis*, che significano "primo nel Senato, primo tra i cittadini". Questo titolo era in origine riservato al leader del Senato, ma ora significava sostanzialmente "imperatore".

Augusto si rifiutò di indossare la corona d'oro e la toga porpora che Giulio Cesare aveva portato, simboli di regalità. Augusto desiderava il potere assoluto, ma voleva evitare che chiunque capisse quanto fosse ambizioso. Quattro anni dopo, il Senato gli diede il pieno controllo sull'esercito romano e su tutti i governatori delle province. Con questo potere, Augusto raddoppiò il territorio dell'Impero, conquistando altre parti dell'Africa, del Medio Oriente e dell'Europa.

Augusto creò i primi dipartimenti di polizia e vigili del fuoco di Roma e istituì un servizio postale. Ristrutturò l'economia di Roma, organizzando un censimento e un sistema fiscale. Costruì strade che si estendevano da Roma fino ai punti più lontani dell'Impero. Anche se Roma si trasformò in un impero, i suoi cittadini accolsero con favore il cambiamento. Godettero della pace e della prosperità che questo portò, almeno nei primi tempi dell'impero.

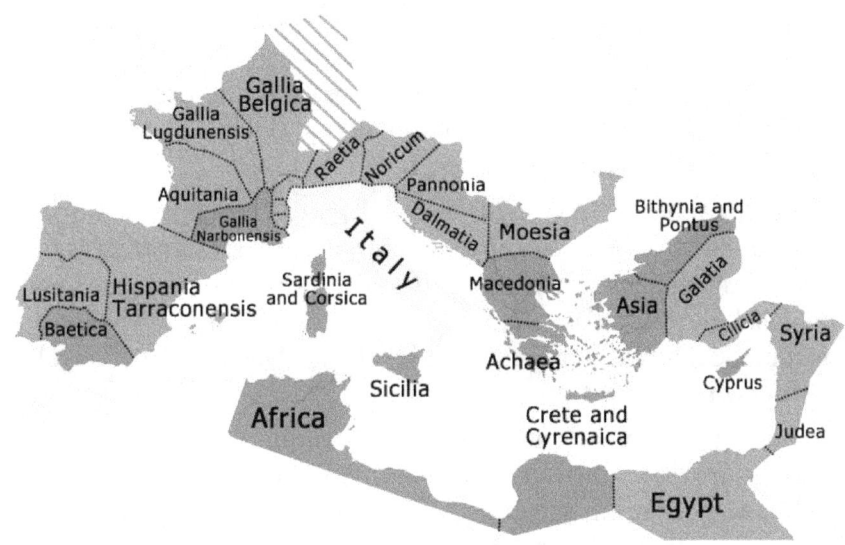

I territori di Roma alla morte di Augusto, nel 14 d.C."

Un cambiamento sostanziale fu la religione. Roma era sempre stata *politeista*, il che significa che il popolo venerava molti dèi e dee. La situazione iniziò a cambiare fin dai primi giorni dell'impero. Gesù Cristo nacque nella provincia romana della Giudea durante il regno di Augusto. Alcuni ebrei speravano in un Messia che li liberasse dall'oppressione romana, pertanto gli insegnamenti e i miracoli di Gesù sconvolsero la Giudea. Quando i Romani crocifissero Gesù, pensarono che fosse la fine. In realtà, quello fu solo l'inizio.

La prima generazione di seguaci di Gesù diffuse il suo messaggio in tutto l'Impero Romano. Alcuni imperatori cercarono di sopprimere il cristianesimo. Tuttavia, i tentativi di sopprimere e perseguitare i cristiani non fecero altro che alimentare il loro fervore. Col tempo, i cristiani divennero parte di tutti i livelli della società romana, incluso il Senato. Verso il 300 d.C., la popolazione cristiana raggiunse il 10%.

Una corsa sulle montagne russe lunga due secoli

Cesare Augusto non ebbe figli maschi, così adottò i due figli della figlia Giulia, nati dal suo primo matrimonio, pianificando che uno di loro diventasse il prossimo imperatore. La sua riserva era il figliastro Tiberio. Augusto costrinse Tiberio a divorziare dalla sua amata prima moglie per sposare Giulia. Tuttavia, i figli di Giulia morirono giovani, e Tiberio salì al trono nel 14 d.C., alla morte di Augusto. Tiberio soffriva di gravi crisi depressive e trascorse la maggior parte del tempo lontano da Roma.

Il nipote di Tiberio, Germanico, governò con lui fino a quando non fu avvelenato. Anche Druso, figlio di Tiberio, avuto dalla sua prima moglie, morì avvelenato. Incapace di sopportare il dolore, Tiberio abbandonò Roma per sempre, affidando il potere al prefetto del pretorio, Seiano, senza sapere che era lui l'assassino.

Quando anche i due figli maggiori di Germanico morirono improvvisamente, Tiberio si mise a camminare nervosamente avanti e indietro nel suo palazzo sull'isola di Capri. "Roma non è sicura per la mia famiglia! È Seiano l'assassino? Mi fidavo di lui! Ora mi rimane solo il figlio più giovane di Germanico come erede. Devo tenere Caligola al sicuro! Lo porterò qui a Capri".

Alla fine, i Romani si stancarono dei complotti di Seiano, che fu arrestato e giustiziato. Quando Caligola divenne imperatore, nel 37 d.C., governò bene per i primi sette mesi. Concesse bonus ai soldati, ripristinò le elezioni e migliorò l'economia. Avviò anche progetti di costruzione elaborati.

Ma poi Caligola si ammalò di febbre, probabilmente di meningite o encefalite. In seguito, ebbe delle crisi epilettiche e la sua personalità cambiò: divenne crudele e cominciò a uccidere persone senza motivo. Caligola fece del suo cavallo un sacerdote e lo tenne in una stalla d'avorio. Dopo quattro anni di follia, la *Guardia Pretoriana*, un'unità d'élite che fungeva da guardia del corpo dell'imperatore, uccise Caligola.

Lo zio di Caligola, Claudio, era l'unico maschio adulto rimasto della famiglia. Aveva dei comportamenti strani: rideva improvvisamente senza motivo apparente e, quando era stressato, diceva cose senza

L'imperatore Claudio.[15]

senso. Nonostante ciò, Claudio si rivelò un buon imperatore: costruì strade, acquedotti e porti, e i suoi eserciti conquistarono nuovi territori in Europa. La terza moglie di Claudio fu Agrippina, sorella di Caligola. Lo convinse a adottare suo figlio Nerone e poi diede da mangiare a Claudio dei funghi avvelenati.

Nel 54 d.C., Nerone divenne il nuovo imperatore. Diffidava di sua madre, Agrippina, quindi la esiliò e, successivamente, la fece uccidere. Con l'avanzare dell'età, Nerone divenne sempre più instabile, tanto che all'età di trent'anni si comportava in modo molto irrazionale. Le province dell'Europa occidentale si ribellarono contro di lui, sperando di fare di Galba, governatore della Spagna, il nuovo imperatore. Anche l'esercito romano si rivoltò contro Nerone. Credendo di non avere altra scelta, Nerone decise di suicidarsi. Chiese ai suoi servi di scavargli una tomba, ma fu troppo codardo per togliersi la vita.

Si rivolse ai pochi amici rimasti con lui. "Qualcuno di voi lo faccia per primo!".

Quando nessuno dei suoi amici si offrì volontario, consegnò il pugnale al suo segretario, ordinandogli: "Fallo tu! Uccidimi adesso!".

L'Anno dei quattro imperatori di Roma seguì il suicidio assistito di Nerone nel 68 d.C. La notte in cui Nerone morì, i senatori proclamarono Galba nuovo imperatore. Galba marciò verso Roma dalla Spagna, distruggendo tutte le città che si rifiutavano di accettarlo come imperatore. La sua crudeltà gli fece tuttavia perdere il favore del popolo e della Guardia Pretoriana. Dopo soli sette mesi, la Guardia Pretoriana uccise Galba e proclamò imperatore Otone.

Nel frattempo, in Germania, le legioni romane avevano già proclamato il governatore Vitellio nuovo imperatore. Vitellio marciò attraverso le Alpi e le forze romane nell'Italia settentrionale passarono dalla sua parte. Quando Otone si rese conto che Vitellio era più forte, si tolse la vita. Vitellio, diventato imperatore, dissipò le ricchezze di Roma in sontuosi banchetti. Mangiare era la sua ossessione: si abbuffava fino a non poterne più, poi si provocava il vomito per continuare a mangiare. Dava i suoi rivali in pasto ai leoni o li costringeva a combattere come gladiatori.

Mentre a Roma regnava il caos, gli ebrei in Giudea si ribellarono al dominio romano. L'esercito romano, guidato dal generale Tito Flavio Vespasiano, fu inviato a reprimere la rivolta. Quando i soldati romani in Giudea vennero a sapere del caos a Roma, gridarono: "Roma ha bisogno di un vero leader! Vespasiano dovrebbe essere il nuovo imperatore!". Vespasiano lasciò il figlio Tito a reprimere la rivolta ebraica e si diresse a Roma. Le forze di Vespasiano uccisero Vitellio e Vespasiano governò per dieci anni, dando inizio alla dinastia Flavia.

Il Colosseo, costruito durante i regni di Vespasiano e Tito.¹⁶

Nel 70 d.C., il figlio di Vespasiano, Tito, incendiò Gerusalemme. Distrusse il tempio e uccise oltre mezzo milione di ebrei che si erano riuniti in città per celebrare la Pasqua. Ne ridusse in schiavitù altri sessantamila e li inviò a Roma per costruire il Colosseo. Nel frattempo, Vespasiano aumentò le tasse per riparare i danni causati dalla guerra civile. Tra le nuove tasse, ne introdusse una sull'uso dei bagni pubblici. I Romani, ironizzando, chiamarono i bagni *vespasiani* in onore dell'imperatore.

Alla morte di Vespasiano, nel 79 d.C., Tito divenne imperatore. Fu il primo imperatore il cui padre biologico era stato anch'egli imperatore. Egli riuscì a completare la costruzione del Colosseo, l'anfiteatro più grande del mondo. I romani vi andavano per assistere a spettacolari corse di carri, combattimenti tra gladiatori e cacce agli animali.

Tre disastri colpirono l'Italia durante i due anni di regno di Tito: Roma bruciò per tre giorni, un'epidemia uccise migliaia di persone e il Vesuvio eruttò nell'Italia meridionale, sparando pomice e cenere a dieci miglia di altezza. La cenere calda e i gas tossici uccisero tutti coloro che non riuscirono a fuggire. Le ceneri coprirono i corpi delle vittime, creando gusci che si indurirono nel tempo. Nel 1800, l'archeologo Giuseppe Fiorelli versò del gesso liquido nei gusci, creando calchi simili a statue delle vittime.

Calco di una vittima dell'eruzione del Vesuvio.[17]

Il fratello minore di Tito, Domiziano, fu l'ultimo imperatore della dinastia Flavia. Come molti degli imperatori romani delle origini, era un po' strano: gli piaceva catturare mosche e infilzarle con un ago. Domiziano tolse potere al Senato e impose tasse pesantissime. Inoltre, perseguitò ebrei e cristiani. Aveva una paura disperata di essere assassinato, e i suoi timori si concretizzarono quando un servo del palazzo lo pugnalò a morte.

Dopo l'assassinio di Domiziano, il Senato proclamò imperatore Nerva, un uomo anziano, dando così inizio alla dinastia degli Antonini. Fu il primo dei *Cinque Buoni Imperatori*, che riportarono Roma all'ordine e alla prosperità. Riformò l'economia, ridusse le tasse e distribuì terre alle persone in condizioni di povertà. Tuttavia, il suo regno durò meno di due anni: Nerva morì di ictus, e il suo figlio adottivo, Traiano, divenne imperatore. Traiano fu un sovrano perspicace che istituì un programma di assistenza per gli orfani e i bambini poveri. Durante il suo regno, l'Impero Romano conteneva circa il 25% della popolazione mondiale. Alla sua morte, dovuta a un colpo di calore nel 117 d.C., il suo figlio adottivo, Adriano, divenne imperatore.

Durante i vent'anni di regno di Adriano, l'impero raggiunse nuove vette. Viaggiò per l'Europa occidentale, l'Africa e il Medio Oriente, costruendo strade e città.

Alla sua morte, nel 138 d.C., divenne imperatore il figlio adottivo Antonino Pio: il suo regno fu più pacifico di quello di qualsiasi altro imperatore. Pio era così bravo con le finanze che riempì le casse di Roma con denaro a volontà. Fu il primo imperatore ad avviare relazioni diplomatiche con la Cina. Quando morì nel 161 d.C., i suoi figli adottivi, Marco Aurelio e Lucio Vero, regnarono come co-imperatori.

Marco Aurelio era uno studioso, mentre Lucio Vero era appassionato di caccia e sport. I Parti, provenienti dalla Persia, invasero l'Armenia, così Vero partì verso oriente per affrontarli. Quando i suoi uomini prosciugarono un tratto del fiume Oronte per costruire un canale di navigazione, scoprirono una bara di due metri e mezzo con le ossa di un gigante. Vero riuscì a respingere i Parti e tornò a Roma da eroe.

Nel frattempo, Marco Aurelio liberava molti schiavi e supervisionava con attenzione la cura degli orfani di Roma. Nel 165 d.C., scoppiò la Peste Antonina, probabilmente un'epidemia di morbillo o vaiolo, capace di uccidere cinque milioni di persone nell'impero, compreso Lucio Vero. Marco Aurelio morì nel 180 d.C., ponendo fine alla Pax Romana.

Che cos'era la Pax Romana? (27 a.C.-180 d.C.)

La *Pax Romana*, in latino, significa "Pace Romana". In questo periodo non tutto era perfetto: Roma ebbe certamente i suoi alti e bassi, ma l'Impero Romano si estendeva dalla Britannia al Nord Africa fino all'Asia occidentale. Quest'area godette di una pace senza precedenti, che durò due secoli, da Ottaviano a Marco Aurelio. Le legioni romane facevano rispettare la legge e l'ordine in tutte le province, rendendo sicure le strade dell'impero dai banditi e i mari liberi dai pirati.

L'intera area aveva un governo centrale e due lingue principali (il latino e il greco koine). La *Pax Romana* favorì una crescita straordinaria nel commercio, nell'ingegneria e nella cultura. Il cristianesimo si diffuse a macchia d'olio. Durante quest'epoca, l'Impero Romano raggiunse la sua massima estensione e la sua popolazione crebbe fino a circa settanta milioni di abitanti.

Attività di riepilogo

Definisci i termini o le frasi elencate di seguito. Ricorda che le risposte si trovano alla fine del libro, nel caso ti serva aiuto.

1. Gallia transalpina
2. "Attraversare il Rubicone"
3. Calendario giuliano
4. Idi di marzo
5. Il Secondo Triumvirato
6. Princeps Senatus, Princeps Civitatis
7. Politeismo
8. Colosseo
9. Peste Antonina
10. Pax Romana

Capitolo 4: L'esercito romano

L'esercito romano sconvolse ripetutamente il mondo antico vincendo battaglie contro ogni previsione. L'esercito e la flotta di Roma furono gli ingredienti chiave per la costruzione di un impero capace di estendersi su tre continenti.

Cosa portò a un successo così straordinario? I Romani erano così testardi che si rifiutavano di arrendersi. Anche se perdevano la prima volta, tornavano in battaglia con più determinazione. Quando questa natura ostinata si combinava con le loro abilità organizzative, le armi letali e le tecnologie straordinarie, diventavano una forza inarrestabile.

Come era organizzato l'esercito romano?

La *centuria* era l'unità più piccola dell'esercito. Era composta da cento soldati, ma successivamente fu ridotta a ottanta. Ogni centuria aveva otto uomini che dormivano insieme in una tenda. Ogni centuria era guidata da un ufficiale chiamato *centurione*. Come si diventava centurione? Prima di tutto, bisognava essere un soldato eccezionale per ottenere questa promozione. Inoltre, il centurione doveva essere severo con i suoi uomini e dare il buon esempio.

Sei centurie formavano una *coorte*, composta da circa 480-600 uomini. Una *legione* era composta da dieci coorti, cioè circa quattromila-seimila uomini. La prima coorte di una legione era composta dai guerrieri più esperti e abili, mentre la decima coorte era formata dalle nuove reclute.

Quante legioni aveva Roma? All'inizio della Repubblica Romana, l'esercito contava circa dodicimila soldati divisi in due legioni. Quando Roma arrivò a quattro legioni, riuscì a conquistare l'Italia meridionale. Quando Roma divenne un Impero, l'esercito crebbe fino a ventotto legioni distribuite in Europa, Nord Africa e Asia occidentale. Ogni legione era comandata da un *Legatus Legionis,* mentre i tribuni militari lo assistevano nell'organizzazione e nella logistica, guidando l'esercito in battaglia.

Questo affresco di un soldato romano fu trovato in una casa a Pompei. Era coperto da sei metri di cenere a seguito dell'eruzione del Vesuvio nel 79 d.C.[18]

Come venivano reclutati i soldati?

Durante la prima Repubblica Romana, i soldati venivano generalmente arruolati tramite leva, ma dovevano essere proprietari terrieri. La maggior parte dei soldati proveniva da Roma. Le tribù vicine di Etruschi, Latini e Sabini inviavano ciascuna mille soldati ogni anno per servire nell'esercito. Poiché la maggior parte dei soldati era costituita da contadini, Roma di solito combatteva solo in estate, dopo che i contadini avevano piantato i loro raccolti e prima del raccolto autunnale. All'epoca, Roma non disponeva di un esercito a tempo pieno.

Il generale Mario divenne console di Roma nel 107 a.C., durante una lunga guerra contro la Numidia (l'attuale Algeria, in Africa). Mario voleva vincere rapidamente la guerra, ma c'era un problema: Roma non disponeva di un sufficiente numero di soldati. Perché? Be', non c'erano abbastanza proprietari terrieri. Mario decise quindi di riformare l'esercito: il suo primo cambiamento fu quello di permettere agli uomini che non possedevano terre di entrare nell'esercito.

Un altro cambiamento importante fu il reclutamento di soldati volontari, anche se si continuò a utilizzare il sistema della leva. "Se si offrono volontari, combatteranno con più determinazione!" disse Mario al Senato. Egli ricompensava il servizio fedele nell'esercito concedendo appezzamenti di terra. Ottenere la terra non era garantito, ma era un incentivo. I poveri avevano così l'opportunità di migliorare la propria condizione, accedendo alla classe media e possedendo terreni. Questo cambiamento nel reclutamento suscitò opinioni contrastanti tra i Romani più ricchi.

"A cosa sta pensando? Combattere è un'arte nobile riservata solo alle classi superiori. È sempre stato così. Ora, chiunque può offrirsi volontario".

"Sì, ma è davvero un male? Ora abbiamo abbastanza soldati per sconfiggere la Numidia".

"Sciocchezze! Vuole solo guadagnarsi il favore della classe media. Sono loro che lo hanno fatto eleggere".

"Forse, ma questi uomini senza proprietà non hanno fattorie a casa di cui preoccuparsi. Non devono rientrare per coltivare i campi. Mario sta formando un esercito a tempo pieno che può combattere tutto l'anno. Roma potrà avere il potere di governare il mondo!".

"Ah! Hai la testa tra le nuvole. Sai che il nostro governo deve pagare le armature e le armi dei soldati? Finiremo in bancarotta!".

"Possiamo pagare con il bottino delle conquiste. E alcuni dei nostri soldati si stavano indebitando. Venivano arruolati e dovevano pagare di tasca propria spade, lance e armature. Poi, dovevano lasciare le loro fattorie per combattere e a volte non tornavano in tempo per il raccolto. Non potevano sfamare le loro famiglie o pagare i debiti. Sapevi che alcuni tornavano a casa dalla guerra solo per finire in prigione per i debiti?".

Un secolo dopo, Cesare Augusto formò la *Guardia Pretoriana*, incaricata di proteggere l'imperatore e scoprire eventuali complotti contro di lui. Tuttavia, la Guardia Pretoriana a volte partecipava ai complotti contro gli imperatori che detestava. Sotto Augusto, l'esercito era composto esclusivamente da soldati a tempo pieno e ben addestrati. I soldati non provenivano solo dall'Italia. Durante il regno di Nerone, la metà dei soldati romani proveniva da province dell'Europa, del Nord Africa e dell'Asia occidentale.

Gaio Mario[19]

Com'era l'addestramento dei soldati romani?

I soldati romani dovevano correre per lunghe distanze trasportando tutta la loro attrezzatura. Era fondamentale che fossero eccezionalmente forti e in grado di sopportare le difficoltà. Durante le esercitazioni imparavano a combattere in modo organizzato. Giuseppe Flavio, un comandante e storico ebreo che combatté contro i Romani, raccontò come la rigida disciplina dei soldati romani permettesse loro di sconfiggere eserciti molto più numerosi.

Dopo il reclutamento, i soldati romani affrontavano quattro mesi di addestramento. Per prima cosa, imparavano a marciare e correre in formazione. Dovevano marciare velocemente per 20 miglia romane (29,6 chilometri) in 5 ore portando la loro attrezzatura pesante. Inoltre, imparare a nuotare era fondamentale, poiché spesso era necessario attraversare fiumi. Successivamente, si addestravano con le armi e si esercitavano in battaglie simulate contro i compagni. Un'altra lezione importante era obbedire istantaneamente agli ordini degli ufficiali.

Quali erano le punizioni per chi disobbediva?

Se un soldato non eseguiva immediatamente un ordine, subiva punizioni severe. Se fuggiva dalla battaglia, veniva picchiato o lapidato a morte, perché metteva in pericolo i suoi compagni. In alcuni casi, i soldati venivano giustiziati per cose come rubare dall'accampamento, fornire false testimonianze o commettere lo stesso reato tre volte. Altre punizioni comprendevano la detrazione di denaro dalla paga o la fustigazione pubblica davanti agli altri soldati.

Come venivano premiati i soldati?

I generali romani erano attenti a premiare i soldati coraggiosi o particolarmente abili. Dopo una battaglia, il generale pronunciava un discorso elogiando i soldati che si erano distinti. Dava premi speciali per determinate cose: per esempio, se un soldato feriva il nemico, riceveva una lancia nuova. Chiunque fosse il primo a scalare le mura di una città avrebbe ottenuto una corona d'oro. Altri riconoscimenti consistevano in decorazioni da indossare sull'uniforme per celebrare gesta straordinarie.

I soldati applaudivano i compagni premiati, e quando tornavano a casa le loro famiglie celebravano i loro successi. Appendevano con orgoglio le loro ricompense in modo che tutti potessero vederle quando entravano in casa. Le città di provenienza organizzavano parate in loro onore, durante le quali i soldati indossavano corone o altre decorazioni. L'attenzione riservata alle ricompense incoraggiava i soldati a essere combattenti migliori.

Armi e armature

I soldati romani portavano tre armi: una spada, un pugnale e una lancia. Il pugnale, o *pugio*, era utile se il nemico disarmava il soldato, facendogli perdere la spada. I funzionari romani li portavano in giro per Roma per difendersi, poiché non si poteva mai sapere quando un collega senatore avrebbe potuto tentare di ucciderli! Nel II secolo a.C., i soldati iniziarono a utilizzare la spada spagnola in ferro, che aveva una lama lunga circa 63 centimetri, ideale per il combattimento corpo a corpo in campi di battaglia affollati.

Il *pilum* era una lancia che pesava fino a due chilogrammi ed era lunga due metri e mezzo. L'impugnatura (asta) era di legno e il resto di ferro. I soldati di solito lanciavano le loro lance. Il ferro era piuttosto morbido e la punta della lancia spesso si piegava all'impatto. Questo probabilmente era intenzionale, per impedire al nemico di riutilizzare la lancia contro i Romani.

I soldati della Repubblica Romana portavano uno scudo rotondo chiamato *scutum*. Durante l'Impero Romano, invece, utilizzavano uno scudo lungo e rettangolare di colore rosso e giallo. Gli scudi avevano al centro un *umbo*, una sporgenza a forma di cono che poteva essere usata come arma per colpire il nemico. I soldati della Repubblica Romana indossavano elmi Montefortino, che assomigliavano a un berretto da baseball in ferro indossato al contrario. Nell'Impero Romano, invece, gli elmi erano più elaborati. Spesso avevano una protezione per le guance e una sezione che proteggeva il naso.

Statua dell'armatura di un soldato romano intorno al 130 a.C.[20]

Durante l'Impero, i soldati romani indossavano spesso armature fatte di strisce di metallo sovrapposte, che proteggevano spalle, braccia, petto e schiena. In alcuni casi, la parte che copriva il petto era un unico pezzo di metallo solido. Un altro tipo di armatura era la cotta di maglia, costituita da piccoli anelli di ferro intrecciati tra loro. Era flessibile, il che permetteva ai soldati una maggiore libertà di movimento. Un terzo tipo di armatura era quella a squame: piccole placche metalliche venivano cucite su un tessuto in modo che si sovrapponessero, garantendo protezione e flessibilità.

Formazioni tattiche

Nei primi tempi, i soldati romani copiarono la posizione della falange greca quando si schieravano in battaglia. Si posizionavano spalla a spalla, con gli scudi leggermente sovrapposti, creando un muro che proteggeva la prima linea da frecce e lance. I soldati dietro la prima linea spingevano i soldati davanti a loro con gli scudi. Centinaia di uomini si muovevano all'unisono in un gruppo compatto con le lance rivolte in avanti. Dopo che Alessandro Magno conquistò l'Asia occidentale, i Romani copiarono la sua formazione, introducendo però un'innovazione: la *formazione manipolare*, che aveva unità più piccole di 120 uomini ciascuna. Ogni *manipolo* agiva in modo indipendente, con un comandante minore che dava gli ordini.

Tecnologia d'assedio

L'esercito romano includeva ingegneri specializzati che avevano molte strategie per penetrare nelle città con mura alte e spesse. Costruivano torri su ruote che spingevano vicino alle mura. I soldati posizionati sulla cima della torre potevano scagliare frecce contro la città e persino entrare al suo interno utilizzando un ponte mobile o una passerella. Le catapulte scagliavano enormi massi contro le mura, facendole crollare. Potevano anche essere usate per lanciare pentole piene di olio infuocato sopra le mura. Tito usò questo metodo durante l'assedio di Gerusalemme.

I soldati romani scavalcarono le mura usando scale portatili. Gli ingegneri scavarono tunnel sotto le mura della città che le destabilizzarono, facendole crollare. Quando il generale romano Vespasiano attaccò Iotapata in Galilea, il generale Giuseppe si trovava in città. Iotapata era situata su una ripida collina, che impediva ai Romani di avvicinarsi con le loro macchine d'assedio. Così, i Romani abbatterono gli alberi e usarono terra e rocce per costruire un argine.

Una volta costruito l'argine, i Romani poterono mettere in azione le loro catapulte e gli arieti. L'ariete era un'enorme trave con una testa di ferro a un'estremità. Era appesa con delle corde a una torre su ruote. I soldati tiravano indietro la trave e poi la lasciavano andare, facendola sbattere contro il muro. Alla fine, le mura crollavano. Anche se gli ebrei versavano pentole di olio bollente sui loro attaccanti, i Romani riuscirono comunque a entrare nella città.

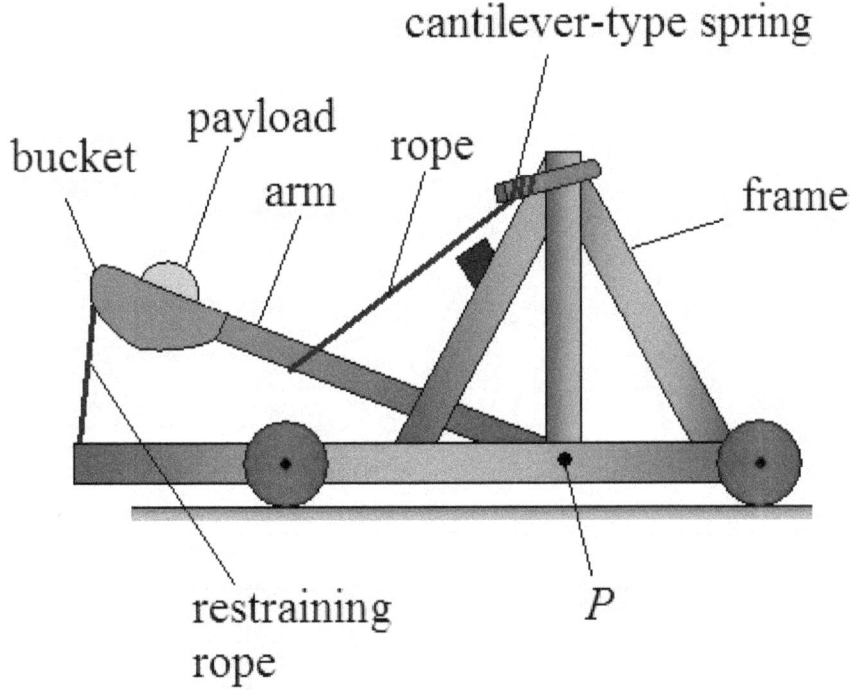

Le catapulte scagliavano pietre o pentole di olio infuocato contro le città assediate.[11]

Perché costruivano accampamenti militari?

Quando l'esercito romano marciava su vasti territori, allestiva *accampamenti* temporanei dove potersi riposare. Per proteggere l'accampamento, scavavano un fossato intorno a esso ed erigevano un bastione o un muro difensivo. I tronchi con le estremità appuntite proteggevano il muro. Questi accampamenti contenevano provviste e fungevano da base operativa. Se i soldati uscivano per combattere e perdevano la battaglia, potevano ritirarsi nell'accampamento, che offriva un luogo sicuro per riorganizzarsi.

Cos'era un trionfo?

Le vittorie meritavano una celebrazione. I Romani celebravano le loro vittorie di guerra con un *trionfo*, una sfarzosa parata guidata dal comandante vittorioso, che indossava una toga porpora e una corona di alloro. Al suono di musica e con le bandiere sventolanti, il generale e i suoi soldati mostravano il bottino conquistato: elefanti, carri, gioielli e oro. La folla andava in delirio alla vista dei re e delle regine catturati, incatenati con manette dorate. Le cerimonie duravano tutto il giorno con discorsi, ricompense per i soldati e grandi banchetti.

Attività di riepilogo

Nel puzzle sono nascoste dieci parole/frasi chiave. Leggi le definizioni qui sotto per scoprire le parole e poi trovale nel cruciverba. Le risposte si trovano alla fine del libro.

A	N	A	I	R	O	T	E	R	P	A	I	D	R	A	U	G
S	Q	A	W	F	A	G	P	Y	R	T	S	P	V	Q	G	Y
E	B	X	W	M	Z	L	C	A	C	L	P	W	U	R	E	H
A	M	A	R	I	O	E	V	O	I	U	B	A	Y	N	M	A
D	P	T	A	L	Y	V	B	Y	R	P	E	T	M	P	K	I
H	B	I	E	R	O	M	N	A	E	A	K	R	A	L	P	L
A	N	A	N	H	V	D	M	B	Q	T	E	Y	I	Q	W	G
T	C	Z	O	Z	M	E	M	N	Z	A	L	A	W	M	Y	A
A	L	I	I	T	E	T	R	O	O	C	G	P	I	L	U	M
O	A	E	G	O	N	R	N	S	U	A	Y	U	T	K	C	I
F	W	A	E	L	E	F	M	U	A	Y	L	G	K	S	O	D
N	S	T	L	T	R	D	O	O	M	L	C	I	A	N	L	A
O	D	R	O	C	G	D	F	O	A	M	I	O	L	A	I	T
I	X	E	C	A	A	U	M	P	S	A	H	M	O	D	M	T
R	T	I	M	C	E	A	F	E	Y	R	Y	R	G	V	G	O
T	U	N	Z	N	F	D	M	E	A	I	R	U	T	N	E	C

1. Un'unità dell'esercito romano composta da ottanta a cento soldati
2. Sei centurie, composte da 480-600 uomini
3. Dieci coorti o circa quattromila-seimila uomini
4. Un'unità d'élite che proteggeva l'imperatore
5. Un pugnale romano
6. Una lancia romana

7. Una macchina d'assedio usata per scagliare rocce o pentole d'olio infuocato contro il nemico.
8. Una parata e una cerimonia per celebrare una vittoria bellica romana
9. Il console romano che riformò l'esercito di Roma
10. Piccoli cerchi di ferro collegati tra loro per formare un'armatura

Capitolo 5: Patrizi, plebei e schiavi

Patrizi, plebei e schiavi erano i tre gruppi principali della società dell'antica Roma. I patrizi ritenevano di avere il diritto di governare su tutti gli altri. I plebei rappresentavano il ceto medio. Erano lavoratori che inizialmente non avevano alcuna influenza sul governo, ma le cose cambiarono col tempo. Gli schiavi, invece, avevano poco potere e nessuna voce in capitolo su ciò che accadeva al governo.

Com'era la vita di un patrizio?

I patrizi erano al vertice della società. Erano ricchi proprietari terrieri provenienti da famiglie nobili. Durante il regno e i primi anni della Repubblica, i patrizi controllavano la politica, la religione e l'esercito. Erano senatori, sommi sacerdoti e ufficiali militari. La maggior parte dei patrizi possedeva grandi piantagioni coltivate da schiavi. I plebei e gli schiavi liberati (liberti) che lavoravano nelle città o nei laboratori delle piantagioni venivano chiamati *clienti*.

Un padre patrizio, o *patrono*, si prendeva cura dei suoi "clienti", che facevano parte della "famiglia" allargata. Se i suoi clienti avevano bisogno di andare in tribunale, il patrono li rappresentava. Organizzava i loro matrimoni, li aiutava negli affari, concedeva prestiti e forniva cibo e protezione. All'alba, il patrono incontrava i clienti che avevano bisogno del suo aiuto. Dopo aver sbrigato le questioni, i clienti lo accompagnavano al Foro, un luogo dove arrivare con un numeroso gruppo di clienti rappresentava un simbolo di status per i patrizi.

Dove vivevano i patrizi? La maggior parte delle famiglie patrizie possedeva due case: una casa in città chiamata *domus* e una villa elegante nei sobborghi o su una piantagione. Gli uomini patrizi di solito stavano nelle domus durante la settimana e si rilassavano nelle loro ville nei fine settimana. Le donne e i bambini trascorrevano più tempo nelle ville, ma si spostavano in città per partecipare a cene e feste.

Gli ingressi delle domus erano decorati con elaborati affreschi e statue. L'ingresso conduceva all'*atrio*, dove un'apertura nel tetto lasciava entrare la luce e la pioggia. Una vasca sotto l'apertura raccoglieva l'acqua piovana, con tubi che portavano a una *cisterna* sotterranea, un contenitore che conteneva l'acqua. Le stanze che circondavano l'atrio comprendevano l'ufficio del patrono, dove incontrava i clienti al mattino presto e conduceva affari.

Le ville, invece, avevano ampi spazi, dove i bambini potevano giocare, e bellissimi giardini. Una domus e una villa avevano entrambe una grande sala da pranzo con mosaici di piastrelle sul pavimento e vivaci affreschi alle pareti. I patrizi amavano organizzare cene, nelle quali gli ospiti si sdraiavano sui divani e mangiavano su piccoli tavoli.

Un mosaico di piastrelle raffigurante Livio Andronico, il primo maestro di scuola di Roma.[22]

E la scuola? Nei primi tempi di Roma, erano i padri a insegnare ai loro figli. Nel 272 a.C., un patrizio di nome Livio acquistò un prigioniero di guerra greco di nome Andronico. Era molto istruito, così Livio lo fece diventare il tutore dei suoi figli. In seguito, Livio Andronico (che prese il cognome del suo padrone, come facevano la maggior parte degli schiavi) ottenne la libertà e aprì una scuola privata. Ben presto divenne di moda per i patrizi comprare schiavi greci per istruire i propri figli o mandarli a una scuola gestita da un greco che aveva ottenuto la libertà.

La maggior parte dei ragazzi e delle ragazze patrizi riceveva un'istruzione, potendo imparare a casa o frequentare un *ludus*, una scuola primaria. Queste scuole erano informali e si svolgevano in una casa, in un edificio pubblico o in un luogo tranquillo all'aperto. I tutori insegnavano la lettura, la scrittura e la matematica. Gli studenti imparavano a leggere in latino e in greco, concentrandosi sulla poesia storica di autori greci come Omero ed Esiodo.

Il *grammaticus* era una sorta di scuola secondaria per ragazzi dagli undici ai quattordici anni. Le ragazze di solito non frequentavano, perché si sposavano già nell'adolescenza. Nel grammaticus i ragazzi imparavano a parlare in pubblico, storia, geografia, letteratura e mitologia. Alcuni terminavano la scuola a quindici anni, ma altri continuavano a studiare la *retorica* (tenere un discorso) con un insegnante chiamato *rhetor*. Quando un ragazzo patrizio compiva sedici anni, si diplomava. Dopo una cerimonia speciale, poteva indossare la toga bianca, segno che era diventato cittadino a tutti gli effetti. Le toghe venivano indossate soprattutto in occasione di eventi speciali, per ostentare il proprio status sociale.

Com'era la vita di un plebeo?

I plebei erano tutti coloro che non erano patrizi o schiavi. Alcuni possedevano piccole fattorie. Gli altri vivevano in città. Erano negozianti, artigiani, lavoratori edili e fornai. I plebei proprietari terrieri potevano servire nell'esercito. Dopo le riforme di Mario, un numero maggiore di plebei si arruolò volontariamente o venne arruolato nell'esercito. Alcuni plebei divennero ufficiali militari.

I genitori plebei insegnavano ai loro figli le basi della lettura, della scrittura e della matematica. La maggior parte dei bambini plebei lavorava con i genitori nelle botteghe o nelle fattorie, quindi aveva poco tempo per andare a scuola. Quando alcune famiglie plebee divennero ricche, assunsero tutori o mandarono i loro figli a scuola. Le ragazze si sposavano tra i dodici e i quattordici anni. In un tipo di matrimonio, il marito "comprava" dal padre il diritto di controllare la moglie. Altre volte, la coppia andava semplicemente a vivere insieme. Se vivevano insieme per un anno, il marito "possedeva" la moglie. Tuttavia, se la moglie trascorreva tre notti all'anno fuori casa, il marito non poteva avere il controllo su di lei.

    I plebei che vivevano in città abitavano in edifici chiamati *insulae*. Ogni insula ospitava fino a cinquanta persone ed era alta da tre a cinque piani. Al primo piano c'erano delle botteghe. In passato, le insulae erano persino più alte, ma i frequenti terremoti di Roma facevano crollare le strutture più elevate. Gli incendi erano un altro problema. Per questo, Cesare Augusto emanò leggi che limitavano l'altezza massima delle insulae a cinque piani e impose l'uso di muri più spessi e resistenti. L'imperatore Nerone, dopo il devastante incendio di Roma del 64 d.C., ordinò ai costruttori di utilizzare meno legno e più mattoni e pietre, stabilendo anche che tra un edificio e l'altro ci dovesse essere uno spazio maggiore per ridurre il rischio di propagazione degli incendi.

Un'insula costruita nel III secolo a.C.[28]

Inizialmente, i plebei di Roma non avevano quasi alcuna influenza politica. La tensione tra patrizi e plebei esplodeva occasionalmente, già durante la prima Repubblica. Quando i patrizi diventavano troppo oppressivi, i plebei trovavano un modo astuto per ribellarsi: scioperavano. Chiudevano i negozi e si trasferivano temporaneamente in campagna, prendendosi una "vacanza". Questo paralizzava Roma. Nessun negozio era aperto, nessuno puliva le strade, nessuno cuoceva il pane o consegnava beni. Persino i soldati plebei si rifiutavano di combattere.

Dopo alcuni giorni di paralisi, i patrizi erano costretti a discutere i problemi che turbavano i plebei. Qual era la loro principale lamentela? I senatori approvavano nuove leggi senza annunciarle pubblicamente. Aspettavano che qualcuno infrangesse la legge per poi arrestarlo. I plebei erano stanchi di pagare multe o finire in prigione per leggi di cui non sapevano nulla. Col passare dei secoli, i plebei ottennero maggiore controllo politico. Nel 494 a.C., riuscirono a istituire un'assemblea propria, l'Assemblea della Plebe. A partire dal 312 a.C., poterono diventare senatori. Molti plebei divennero ricchi e potenti.

Chi erano i fratelli Gracco?

Nella tarda Repubblica Romana, i ricchi diventavano sempre più ricchi, mentre i poveri diventavano sempre più poveri. Tiberio e Gaio Gracco erano tribuni plebei che cercarono di attuare riforme sociali. Roma stava ottenendo molte nuove terre con le sue conquiste in Europa, Nord Africa e Asia occidentale. Quando Tiberio divenne tribuno nel 133 a.C., propose di dividere queste terre in piccole fattorie da assegnare ai veterani di guerra e ai poveri, affinché potessero mantenersi. Tuttavia, i senatori ricchi volevano le terre per sé. Accusarono ingiustamente Tiberio e incitarono una folla contro di lui. I Romani lo picchiarono a morte con sedie di legno.

Un decennio dopo, Gaio divenne tribuno. Sostenne la proposta del fratello per la redistribuzione delle terre e avanzò un'altra idea: il governo avrebbe pagato le armi e le armature per i soldati. I poveri, arruolati nell'esercito, spesso si indebitavano per acquistare l'equipaggiamento necessario. Il Senato dichiarò Gaio nemico dello Stato e incitò di nuovo una folla contro di lui. Gaio si suicidò prima che potessero ucciderlo. Circa due decenni dopo, il console Mario fece in modo che il governo iniziasse a pagare le armature e le armi dei plebei.

Tuttavia, la questione delle terre per i veterani e i plebei poveri rimase irrisolta.

Marco Livio Druso divenne tribuno nel 91 a.C. e continuò a battersi per le riforme per cui i fratelli Gracco avevano dato la vita. Cercò di ottenere più terre per i plebei. Un'altra questione riguardava la cittadinanza per le persone che vivevano in Italia e che provenivano da altre tribù. Molte città italiane fornivano soldati e supporto alle guerre di Roma e volevano il diritto di voto e la protezione delle leggi romane. Tuttavia, un assassino si infiltrò nella casa di Druso e lo uccise, interrompendo la sua instancabile lotta per le riforme. Alla fine, nel 59 a.C., Giulio Cesare e Pompeo approvarono la legge sulla ridistribuzione delle terre.

Com'era la vita di uno schiavo?

Nell'antica Roma, gli schiavi costituivano circa il 20% della popolazione romana, ma non avevano alcun diritto. La maggior parte degli schiavi erano prigionieri di guerra. Prima di essere catturati, provenivano da tutti i ceti sociali. Alcuni schiavi erano plebei che vendevano sé stessi o i loro figli in schiavitù per pagare un debito o perché non avevano abbastanza cibo. Quando una schiava dava alla luce un figlio, il bambino era automaticamente schiavo, anche se il padre era un uomo libero.

I pirati solcavano i mari, catturando gli equipaggi e i passeggeri delle navi per venderli come schiavi. I pirati cilici catturarono persino Giulio Cesare da giovane. Essendo però di famiglia nobile, non fu venduto: la sua famiglia pagò un riscatto per liberarlo. Nei mesi necessari per negoziare la sua libertà, Cesare avvertì i pirati che li avrebbe crocifissi. Loro risero, ma lui non scherzava. Una volta liberato, formò una milizia, navigò di nuovo verso il loro nascondiglio sull'isola, li catturò e li crocifisse.

Quando Roma combatté contro Cartagine nella Seconda Guerra Punica, Annibale catturò migliaia di soldati romani. Offrì a Roma la possibilità di pagare un riscatto per loro, ma il Senato rifiutò. Annibale vendette i suoi prigionieri di guerra ai Greci, che li fecero lavorare come schiavi per vent'anni, fino a quando il generale romano Flaminino ne liberò 1.200 durante l'invasione della Grecia.

In questo mosaico del II secolo, uno schiavo a sinistra porta acqua e asciugamani, mentre i due schiavi più grandi versano il vino.²⁴

Il lavoro degli schiavi dipendeva dalla loro istruzione e dalle loro occupazioni precedenti. Gli schiavi bambini e donne lavoravano spesso come domestici nelle case dei ricchi patrizi. Le piantagioni patrizie impiegavano centinaia di schiavi per i lavori agricoli. Gli schiavi realizzavano gli enormi progetti edilizi di Roma. Quelli con competenze specialistiche o un'istruzione elevata lavoravano come artigiani, ballerini, insegnanti, scribi, medici, pittori, ingegneri o architetti. Alcuni schiavi con un passato militare venivano addestrati per diventare gladiatori.

La legge romana non offriva alcuna protezione alle persone ridotte in schiavitù. Alcuni padroni erano gentili, ma altri li picchiavano, violentavano, torturavano o uccidevano. Il governo non intervenne durante la Repubblica Romana. Quando Roma si trasformò in Impero, gli schiavi ottennero maggiori diritti. L'imperatore Nerone permise loro di denunciare i maltrattamenti in tribunale. L'imperatore Pio dichiarò che un padrone che uccideva il proprio schiavo poteva essere accusato di omicidio.

Alcuni padroni permettevano ai loro schiavi di acquistare la libertà, altri li liberavano senza pagamento e li aiutavano a iniziare una nuova vita. I Greci trovavano incredibile che gli schiavi liberati potessero diventare cittadini. I Romani ricordavano che Romolo aveva accolto gli ex schiavi nella sua nuova città, offrendo loro la cittadinanza. Uno schiavo romano non poteva sposarsi, ma poteva avere una relazione con una donna e avere dei figli. Se in seguito entrambi avessero ottenuto la libertà, avrebbero potuto sposarsi legalmente.

Un padrone poteva liberare una schiava e poi sposarla. Lei non aveva voce in capitolo e non poteva divorziare, anche se di solito il divorzio era consentito a Roma. Tecnicamente, i padroni potevano separare una famiglia di schiavi, ma di solito rispettavano e supportavano queste unioni, spesso lasciando istruzioni nei loro testamenti per mantenere unite le famiglie di schiavi.

Cosa accadde quando gli schiavi d'Italia si ribellarono?

Spartaco era un soldato della Tracia (l'odierna Bulgaria) che i Romani catturarono e vendettero a una scuola di gladiatori. Le scuole addestravano uomini e donne: sì, a Roma c'erano donne gladiatrici. Dovevano imparare un particolare tipo di combattimento che si svolgeva nel Circo Massimo o nel Foro (prima della costruzione del Colosseo). I gladiatori seguivano una coreografia quando combattevano, che a volte richiedeva loro di accettare un colpo mortale dall'avversario, a seconda del desiderio del loro padrone. Non tutti gli scontri si concludevano con la morte, ma pochi gladiatori vivevano oltre i venticinque anni.

Mosaico raffigurante gladiatori romani.[35]

Nel 73 a.C., Spartaco e settantotto suoi compagni gladiatori progettarono una fuga. "Se restiamo qui, moriremo sicuramente" concordarono. "Perché non tentare la fortuna fuori?".

"Dove potremmo andare?" chiese uno di loro.

"Potremmo andare a nord e attraversare le montagne verso la libertà!" rispose Spartaco.

Così, i gladiatori rubarono coltelli e mannaie dalla cucina e scapparono. Si incamminarono verso il Vesuvio (152 anni prima che eruttasse e distruggesse Pompei). Durante il tragitto, altri schiavi si unirono a loro. Razziarono villaggi, città e campi per procurarsi cibo e armi. Roma inviò il comandante Clodio per catturare i fuggitivi. "Sono sulla montagna e il mio esercito è qui sotto. Sono in trappola! Staremo qui ad aspettare che muoiano di fame!".

Un lato del Vesuvio era una parete rocciosa a strapiombo. I Romani non si preoccuparono di proteggere quel lato. Tuttavia, gli schiavi intrecciarono delle scale di corda con delle liane e si calarono giù dalla rupe verso la libertà. Le truppe romane erano ancora accampate ai piedi della montagna quando vennero a sapere che i fuggiaschi si aggiravano per l'Italia. Il Senato si infuriò. "Ora sono diecimila uomini armati!".

Il Senato ordinò a entrambi i consoli di prendere le loro legioni e di uccidere gli schiavi. Nel frattempo, l'esercito degli schiavi si divise in due gruppi. Uno rimase nell'Italia meridionale, pensando di poter continuare a vivere come banditi. Quel piano fallì: una legione romana circondò e uccise la maggior parte di quel gruppo. I fuggitivi guidati da Spartaco intrapresero il lungo viaggio verso nord, fino alle Alpi. Volevano attraversarle, ma, durante il tragitto, rimasero intrappolati tra due eserciti romani. Spartaco, però, aveva un asso nella manica.

Spartaco e molti dei suoi uomini erano originari della Tracia ed erano abili cavalieri. Girando per l'Italia, raccolsero centinaia di cavalli e formarono una cavalleria. A quel tempo, l'esercito romano non usava molto i cavalli in battaglia. L'esercito degli schiavi colse completamente di sorpresa i Romani, *caricandoli* con i loro cavalli e rubando le loro provviste! Poi si diressero verso l'Italia settentrionale.

Arrivarono alla base delle Alpi, ma gli uomini si persero d'animo alla vista delle cime imponenti.

"Guardate quanta neve e ghiaccio c'è lassù. I nostri cavalli non possono scalare quelle montagne! Dobbiamo aspettare l'estate".

"Ebbene, cosa facciamo adesso? Non possiamo restare qui e lasciare che i Romani ci intrappolino!".

"Torniamo a sud e attraversiamo l'isola di Sicilia. I loro schiavi si sono ribellati cinquant'anni fa. Hanno perso, ma scommetto che possiamo iniziare una nuova ribellione. Con le nostre forze congiunte, potremmo conquistare la Sicilia!".

Così, gli uomini di Spartaco tornarono a sud, fino alla punta dello stivale d'Italia. Dovevano trovare un modo per attraversare lo stretto, così si accordarono con dei pirati per essere trasportati in Sicilia.

Tuttavia, i pirati presero i loro soldi e scomparvero all'orizzonte, lasciandoli indietro. Il comandante romano Crasso pensava di averli intrappolati nello stretto di Messina. Fece scavare un lungo canale per impedire loro di fuggire. Non si aspettava che costruissero una diga sul canale e scappassero.

A quel punto, l'esercito degli schiavi si era diviso in diversi gruppi più piccoli per eludere le forze romane in modo più efficiente. Il gruppo di Spartaco riuscì persino a vincere una battaglia contro Crasso, nonostante i Romani avessero il vantaggio del terreno in salita. Ma gli schiavi divennero troppo sicuri di sé e presuntuosi, convinti di poter sconfiggere i Romani in ogni situazione. Spartaco cercò di metterli in guardia, ma loro non gli diedero retta e insistettero per un'altra battaglia. Così, Spartaco uccise il suo cavallo.

"Se morirò, non avrò bisogno del cavallo. Se vinceremo, ne ruberò uno ai Romani".

Alla fine, il cavallo non gli servì. Spartaco e molti degli schiavi morirono in battaglia. I Romani catturarono seimila fuggiaschi e li crocifissero. Roma ricompensò Crasso per aver sconfitto gli schiavi nominandolo console nel 70 a.C.

Attività di riepilogo

Immagina di avere la stessa età che hai oggi, ma di vivere nell'antica Roma. Decidi se sei un patrizio, un plebeo o uno schiavo. Scrivi una pagina di diario in cui descrivi la tua giornata.

Capitolo 6: Tempo libero, intrattenimento ed economia

Cosa amavano fare gli antichi Romani nel loro tempo libero? Una delle attività preferite era recarsi al Foro o al Circo Massimo: lì potevano assistere a spettacoli di giocolieri, danzatori, gladiatori e corse di carri. Dopo l'inaugurazione del Colosseo nell'80 d.C., le folle si riversarono lì per assistere a battaglie navali simulate, drammi teatrali e, ovviamente, a combattimenti tra gladiatori e corse di carri. Purtroppo, molti degli spettacoli romani erano estremamente crudeli, sia per le persone che per gli animali.

I gladiatori

La maggior parte dei gladiatori erano prigionieri di guerra o criminali. Nonostante ciò, all'inizio dell'Impero Romano, gli uomini si offrivano volontariamente per combattere, perché ansiosi di mostrare la loro esperienza di combattimento davanti al fragore del pubblico. Naturalmente, c'erano anche la fama e i premi in denaro che andavano ai vincitori. Persino alcuni patrizi desideravano partecipare a battaglie simulate per dimostrare il loro coraggio. Nel II secolo d.C., l'imperatore Commodo entrò nell'arena vestito come il dio Mercurio.

Quando iniziarono i combattimenti tra gladiatori? All'inizio di Roma, le famiglie organizzavano combattimenti di gladiatori ai funerali dei nobili per onorare le loro abilità. Credevano che il sangue versato dai combattenti purificasse l'anima del defunto. Questi spettacoli funebri con gladiatori si svolgevano ancora ai tempi di Giulio Cesare, che organizzò combattimenti con centinaia di gladiatori per onorare la memoria del padre e della figlia.

La maggior parte dei combattimenti tra gladiatori avveniva tra due uomini di corporatura e abilità simili, con un arbitro in tunica bianca che supervisionava ogni combattimento. Circa un incontro su cinque si concludeva con la morte di uno dei combattenti. Di solito, quando uno feriva gravemente l'altro, l'arbitro fermava il combattimento.

I combattimenti tra gladiatori presentavano diverse varianti. Un tipico combattimento era tra due uomini con una spada o uno scudo. Altri combattevano a cavallo o su carri. I gladiatori *reziari* combattevano con una rete da pesca e un *tridente* (una lancia a tre punte), e cercavano di catturare l'avversario con una rete.

Un mosaico del III secolo d.C. raffigurante gladiatori reziari e un arbitro.[36]

Prima di ogni spettacolo, i promotori pubblicizzavano gli eventi affiggendo manifesti in tutta la città. Annunciavano chi avrebbe combattuto, il tipo di musica e che tipo di cibo e dolci sarebbero stati in vendita. Il proprietario della scuola di gladiatori organizzava un banchetto per i combattenti la sera prima dello spettacolo. I combattimenti iniziavano con una parata nell'arena e con spettacoli musicali. Successivamente, avvenivano le esecuzioni dei prigionieri condannati. Infine, i gladiatori iniziavano i loro combattimenti. I vincitori ricevevano un ramo di palma e un premio, come una corona o denaro. Alcuni ottenevano persino la libertà.

Le cacce agli animali

Un altro evento sanguinario che attirava le folle erano le cacce agli animali selvatici. Questa forma di intrattenimento arrivò a Roma dalla Grecia nel 189 a.C., dopo che Roma sconfisse la Lega Etolica greca. Questa forma di intrattenimento risaliva almeno all'epoca di Alessandro Magno, che organizzava combattimenti tra leoni, uomini e cani. A Roma, inizialmente, le cacce coinvolgevano gladiatori che affrontavano grandi felini, come pantere e leoni.

Cosa proteggeva il pubblico dagli animali selvatici? In realtà, non esisteva alcuna protezione! Gli spettatori che assistevano al Circo Massimo o al Foro rischiavano la vita, poiché non c'erano barriere che impedissero agli animali di attaccarli. Di solito, la caccia agli animali selvatici si svolgeva al mattino e i combattimenti tra gladiatori seguivano nel pomeriggio. Migliaia di animali morivano in un solo giorno, anche se a volte riuscivano a uccidere i loro cacciatori. Durante l'inaugurazione del Colosseo, morirono novemila animali selvatici in queste crudeli battute di caccia.

Che tipo di animali usavano i Romani per queste cacce? La maggior parte degli animali proveniva dalle nuove terre conquistate da Roma in Africa e in Medio Oriente. Tra gli animali che venivano sacrificati per divertire le folle c'erano rinoceronti, giraffe, zebre, struzzi, cammelli, coccodrilli, leopardi, orsi, elefanti, ippopotami e leoni.

Esecuzione da parte di animali

A volte, invece di essere i cacciatori a uccidere gli animali, i ruoli si invertivano. Gli animali cacciavano e uccidevano gli esseri umani. Questo tipo di esecuzione era chiamato *damnatio ad bestias* o "condanna alle bestie". Il pubblico di Roma non ne aveva mai abbastanza di questa pratica contorta. Durante i primi anni dell'Impero, alcuni imperatori, come Nerone e Traiano, usavano questo metodo per uccidere i cristiani. Questi ultimi venivano obbligati a sacrificare offerte agli dèi romani. In caso contrario, sarebbero stati sbranati dagli animali.

Le corse dei carri

Le corse dei carri erano uno degli intrattenimenti più amati dai Romani. Esistevano quattro squadre di carri, chiamate Rossa, Blu, Bianca e Verde. Ogni squadra aveva le proprie scuderie con allenatori, stallieri, fabbri e veterinari (sì, a Roma c'erano i veterinari). Le corse dei carri erano molto importanti a Roma, con un massimo di ventiquattro eventi quotidiani, e fino a ottocento cavalli impiegati nel Circo Massimo. Sulla parte rettilinea della pista, i cavalli raggiungevano una velocità di circa settantadue chilometri orari.

Questo pannello del Circo Massimo mostra una squadra di carri che si avvicina a una curva.[27]

Chi erano i guidatori dei carri? I responsabili della squadra compravano giovani schiavi e li addestravano all'arte della guida dei carri. Le corse dei carri erano estremamente pericolose. Anche se i guidatori indossavano caschi e protezioni, molti di loro morivano in incidenti. I guidatori avvolgevano le redini attorno al polso sinistro, tenendo la frusta nella mano destra. Se cadevano dal carro, rischiavano di essere trascinati, quindi portavano un coltello per tagliare le redini. Dovevano poi rotolare rapidamente fuori dalla pista e allontanarsi dai cavalli in corsa. Talvolta, gli incidenti più gravi coinvolgevano più carri mentre affrontavano una curva. Questi spettacolari scontri venivano chiamati "naufragi".

Un numero impressionante di conducenti moriva in giovane età, spesso durante l'adolescenza. Un famoso auriga di nome Scorpo vinse 2048 gare e molte borse d'oro prima di morire in un incidente all'età di 26 anni. Un altro famoso guidatore, Gaio Appuleio Diocle, corse per 24 anni vincendo 1462 gare. Sopravvisse e si ritirò da uomo favolosamente ricco.

Danzatori, giocolieri e acrobati

Quando i Romani conquistavano nuove terre, erano sempre alla ricerca di danzatori, giocolieri, acrobati e altri intrattenitori professionisti. Portavano questi artisti in Italia come schiavi per farli esibire durante le parate, le corse di carri e i combattimenti tra gladiatori. A differenza di oggi, nell'antica Roma la danza era quasi esclusivamente una forma di spettacolo. Non era qualcosa che la gente faceva solo per divertimento, tranne che in alcune feste religiose. Le danze potevano essere divertenti, spaventose o sensuali. Le danzatrici spagnole erano particolarmente famose per la loro abilità di alzare i piedi più in alto delle spalle.

Un'altra forma di spettacolo popolare era il *pantomimus*, una danza che raccontava una storia attraverso movimenti del corpo, gesti delle mani e l'uso di maschere. I danzatori non parlavano durante le loro performance. Era simile al mimo, ma raccontava una storia, di solito di natura divina, piuttosto che divertire la gente. Indossando delle maschere, i danzatori non usavano espressioni facciali per comunicare emozioni.

I giocolieri offrivano intrattenimento tra una gara e l'altra al Colosseo o al Circo Massimo. Alcuni giocolieri usavano mani e piedi per tenere in aria le palline, mentre altri riuscivano a mantenere in equilibrio sfere di vetro con diverse parti del corpo. Un giocoliere incredibilmente abile, di nome Agatino, si destreggiava con uno scudo, afferrandolo con i piedi e facendolo rimbalzare con la schiena e la testa per mantenerlo in costante movimento. Alcuni giocolieri erano così esperti da maneggiare persino coltelli! Mentre i giocolieri intrattenevano la folla a terra, gli acrobati si esibivano su corde tese sopra le loro teste.

Un affresco di Pompei raffigurante acrobati che danzano su una corda tesa.[38]

Battaglie navali simulate

Giulio Cesare, per celebrare i suoi trionfi in Gallia ed Egitto, organizzò una colossale battaglia navale simulata nel 46 a.C. Fece scavare un lago artificiale accanto al fiume Tevere, che fu poi riempito con acqua del fiume. Gli operai di Cesare costruirono gradinate in marmo per ospitare gli spettatori patrizi. La battaglia simulata prevedeva dodici navi da guerra romane.

L'imperatore Claudio organizzò una finta battaglia navale ancora più grandiosa nel 52 d.C., sul lago Fucino, nel nord Italia. Questa battaglia vide la partecipazione di cento navi e 19.000 prigionieri condannati a morte che fungevano da marinai. Viene naturale chiedersi perché così tanti uomini fossero stati condannati a morte! Prima dell'inizio della battaglia, i prigionieri, che sapevano di essere destinati a morire, salutarono l'imperatore gridando: "Coloro che stanno per morire ti salutano!".

L'imperatore Tito ordinò cento giorni di giochi per celebrare l'inaugurazione del Colosseo nell'80 d.C. Uno degli spettacoli più stravaganti includeva una battaglia navale: fece allagare il Colosseo e i marinai usarono navi a fondo piatto, poiché l'acqua era profonda solo 1,5 metri. Un'isola artificiale, al centro del lago artificiale, offriva ai marinai un luogo dove saltare sulla terraferma per combattere.

Teatro

Gli antichi romani amavano copiare i greci, e tra le loro imitazioni c'era il teatro. Il teatro romano si concentrava principalmente su tragedie e commedie. Dopo una pestilenza che colpì Roma nel IV secolo a.C., i Romani iniziarono a credere che eseguire drammi come forma di adorazione degli dèi potesse aiutare a porre fine all'epidemia. Livio Andronico, il primo maestro di scuola di Roma, fu coinvolto un secolo dopo. Era stato uno studioso di greco, prima di essere catturato come schiavo, e conosceva bene la drammaturgia greca. Tradusse opere teatrali greche in latino e ne scrisse di proprie.

Un mosaico che mostra le maschere indossate per le tragedie e le commedie.[39]

Terme e latrine romane

Le terme romane erano molto più di un semplice luogo per lavarsi. Le persone si riunivano alle terme per rilassarsi, leggere, incontrare gli amici e concludere affari politici o commerciali. Le terme erano simili a quelle di oggi. Avevano più stanze splendidamente decorate con archi, statue e mosaici. Le terme pubbliche erano dotate di luoghi per fare esercizio fisico, spogliatoi, piscine esterne, vasche interne a varie temperature, bagni di vapore e sale per massaggi. Le città e i paesi di tutta l'Italia e delle province romane avevano bagni pubblici o terme.

I Romani costruirono il Tempio di Mercurio vicino a Napoli nel I secolo a.C., che presenta la più antica cupola in cemento ancora esistente. Con un diametro di ventidue metri, era la cupola più grande costruita fino a quel momento e copriva i bagni, che erano spesso costruiti all'interno o accanto ai templi. I romani ricchi avevano bagni privati nelle loro case, ma usavano anche i bagni pubblici per socializzare.

I plebei non avevano bagni nei loro appartamenti: dovevano usare un vaso da notte o correre fino alla latrina pubblica più vicina. L'urina e le feci contenute nei vasi da notte venivano gettate fuori dalla finestra, quindi chi camminava per strada doveva stare attento a evitare i "proiettili". Inoltre, bisognava fare attenzione a dove si mettevano i piedi, perché le strade dei quartieri plebei di Roma erano spesso sporche e maleodoranti. Nei quartieri plebei, le latrine pubbliche erano collegate alle terme pubbliche. Quando i bagni si svuotavano, l'acqua scorreva attraverso le tubature fino alla stanza dei servizi igienici. L'acqua passava attraverso gli abbeveratoi sotto le latrine e le lavava.

Un bagno pubblico.[80]

Un bagno pubblico o latrina era una grande stanza con una panca contro le pareti. Aveva diversi buchi dove ci si poteva sedere per fare i bisogni. Il concetto di privacy durante l'uso del bagno non esisteva: i buchi erano così vicini che le cosce di una persona potevano sfiorare la persona seduta nel buco accanto. Un piccolo canale di scolo con acqua corrente correva intorno alla stanza, proprio davanti ai piedi delle persone sedute sul water. In ogni gabinetto c'era un bastone con una spugna marina all'estremità. Le persone usavano queste spugne per pulirsi il sedere e poi le sciacquavano nel flusso d'acqua corrente.

Cosa succedeva nel Foro Romano?

Il Foro Romano era il cuore pulsante della città. Funzionava come mercato, centro di intrattenimento e luogo di culto. Il Foro era un luogo di incontro rettangolare all'aperto, nel centro di Roma. La gente si riuniva per ascoltare i discorsi politici e partecipare alle elezioni, ma era anche un'occasione per fare affari e incontrare gli amici. Parate, combattimenti tra gladiatori e spettacoli acrobatici attiravano sempre grandi folle. Nonostante la gran parte dell'architettura che circondava il Foro si ispirasse agli stili greci, i Romani aggiunsero il loro tocco, introducendo cupole e archi trionfali che celebravano le vittorie militari e le imprese degli imperatori.

L'arco di Settimo Severo nel Foro Romano.[81]

Cosa alimentava l'economia di Roma?

Roma commerciava con le terre intorno al Mar Mediterraneo. La Siria fungeva da centro commerciale orientale, ricevendo seta, profumi, ginseng e altri tesori dalla Cina e dall'India, che spediva poi a Roma. La Siria era anche famosa per i suoi cammelli e cavalli da corsa, oltre che per leoni e leopardi allevati per le cacce e i giochi nel Colosseo. Gli artigiani di Sidone, in Libano, usavano la cerbottana per produrre vasi di vetro soffiato a stampo. I Romani non potevano farne a meno. I Fenici ricavavano dalla lumaca di mare Murex una tintura viola molto apprezzata, che i Romani acquistavano per più di 1000 denari (circa 1150 euro) al chilo. Quando Roma entrò in guerra contro l'Impero Partico, i Persiani bloccarono la *Via della Seta*, le rotte terrestri e marittime che portavano la seta e altri prodotti dall'Asia orientale al Mediterraneo. Il prezzo della seta salì alle stelle a Roma, tanto che, quando il governo cercò di fissarne i prezzi, i mercanti non riuscirono a sopravvivere.

Roma importava rame e oro dalla Spagna, olio d'oliva dalla Libia e vino dalla Francia. Le navi portavano stagno, argento e lana dalla Britannia e avorio dall'Africa. Roma usava una forma di moneta standard, monete d'oro e d'argento, per facilitare il commercio su tre continenti. Una volta ottenuto il controllo di quasi tutti i Paesi che si affacciano sul Mediterraneo, i Romani riuscirono a garantire un commercio marittimo ragionevolmente sicuro. I pirati non erano più una minaccia per le navi, come un tempo.

L'Egitto era il granaio di Roma. L'Italia non aveva abbastanza terreno agricolo per sostenere la popolazione in crescita, ma l'Egitto produceva una quantità di grano e orzo tre volte superiore a quella necessaria per sfamare la popolazione. Il fiume Nilo esondava ogni anno, lasciando il terreno umido e pieno di sostanze nutritive. Gli egiziani disponevano anche di un sofisticato sistema di irrigazione che consentiva di irrigare le colture anche in periodi senza pioggia. Durante l'Impero Romano, l'Egitto spediva a Roma ventisei milioni di tonnellate di grano all'anno.

Tuttavia, con il grano arrivò anche la morte. Dal 249 al 263 d.C., la Peste di Cipriano si diffuse da Alessandria d'Egitto a Roma. Le persone si ammalarono improvvisamente di diarrea, vomito e febbre. Gli occhi sanguinavano e le braccia e le gambe diventavano nere per la morte dei tessuti. Nessuno aveva mai visto una piaga così terrificante. Anche gli adolescenti e i giovani adulti in buona salute morivano. Probabilmente, si trattava di un filovirus, simile all'Ebola. Migliaia di persone morirono ogni giorno a Roma e la malattia devastò l'esercito.

Attività di riepilogo

Gli antichi Romani affiggevano manifesti per pubblicizzare combattimenti tra gladiatori, corse di carri, drammi e altri eventi. Scegli un evento a tuo piacere e crea il tuo manifesto promozionale. Puoi essere creativo con colori e illustrazioni. Ricorda di indicare la data e l'ora, i nomi delle stelle dello spettacolo e quali snack saranno in vendita.

Capitolo 7: I principali successi dell'antica Roma

Dove saremmo oggi senza i successi di Roma? Roma costruì strade eccellenti e acquedotti. La tecnologia e il pensiero politico dell'antica Roma cambiarono il modo in cui si facevano le cose e si gestivano i governi. L'impronta di Roma sul mondo è sopravvissuta al suo crollo, plasmando civiltà e governi nel corso dei millenni. È difficile comprendere pienamente tutte le parti della nostra vita che riecheggiano l'antica Roma.

Il cemento

Pensa a tutte le cose fatte di cemento. Camminiamo su marciapiedi di cemento, guidiamo su ponti di cemento e lasciamo le nostre auto in parcheggi di cemento. Sapevi che oltre il 70% degli edifici in cui viviamo, lavoriamo o andiamo a scuola sono costruiti con il cemento? Chi dobbiamo ringraziare per questo? Gli antichi Romani, che ci hanno regalato questo materiale da costruzione incredibilmente resistente.

I Romani usavano il cemento per costruire strade, acquedotti e edifici con cupole. Lo utilizzavano persino per riscaldare le loro case. Come lo producevano? Cominciavano con la calce, ottenuta bruciando rocce calcaree e mescolandola con acqua. Poi aggiungevano cenere vulcanica, sabbia, detriti di mattoni e piccoli pezzi di calcare. Molti edifici, ponti e acquedotti costruiti dai Romani duemila anni fa sono ancora in piedi oggi. In realtà, il cemento romano era migliore di quello che usiamo oggi.

Qual era il loro segreto? Nel 2022, gli scienziati del Massachusetts Institute of Technology e dell'Università di Harvard hanno provato a scoprirlo. Un ingrediente facilmente reperibile (grazie al Vesuvio) era la cenere vulcanica, che contribuiva alla resistenza. Tuttavia, i ricercatori hanno scoperto che i piccoli pezzi di calcare erano ancora più importanti. Erano in grado di auto-ripararsi. I Romani utilizzavano alte temperature durante la miscelazione del cemento, producendo una reazione chimica. Sappiamo tutti che il cemento può formare crepe, ma quando si formavano delle crepe nel cemento romano e l'acqua penetrava, indovina cosa accadeva? Quei minuscoli pezzi di calcare reagivano con l'acqua, cristallizzavano e riempivano le crepe. Quanto è straordinario tutto ciò?

Un thermopolium o un fast food.[82]

Thermopolium: Cibo da asporto

Quante volte ti capita di passare dal tuo fast-food preferito per mangiare un boccone veloce? Sapevi che a Roma esistevano i fast food? I plebei che vivevano nelle insulae non avevano cucine nei loro appartamenti. Quindi, avevano i *thermopolia*. Un thermopolium, un luogo che vendeva cibo caldo, era una cucina a una stanza con un bancone di pietra posto davanti. Il bancone aveva dei fori in cui si incastravano grandi vasi di argilla contenenti cibo caldo, noci e frutta secca. Alcuni thermopolia servivano solo cibo da asporto, mentre altri avevano tavoli e sedie dove i clienti potevano sedersi.

Riscaldamento a pavimento

Non sarebbe fantastico svegliarsi in una mattina fredda e mettere i piedi su un pavimento caldo? Anche i Romani la pensavano così! Un *ipocausto* è un sistema di riscaldamento che si trova sotto il pavimento. Come sappiamo, il calore sale: quindi, un pavimento riscaldato non solo mantiene calde le dita dei piedi, ma riscalda in modo efficiente un'intera stanza. I Romani costruirono ipocausti per riscaldare le loro terme pubbliche. Alcuni ricchi Romani usarono questo sistema anche nelle loro case di città e nelle ville.

Come funzionava il riscaldamento a pavimento? Innanzitutto, l'edificio aveva un seminterrato poco profondo, di circa un metro. Era riempito con corti pilastri fatti di mattoni o cemento. I pilastri avevano la parte superiore piatta su cui poggiava il primo piano dell'edificio. Una fornace bruciava costantemente e mandava il calore nell'area del seminterrato, riscaldando anche l'acqua per i bagni. I condotti o tubi nelle pareti permettevano all'aria fredda di uscire dal seminterrato.

Acquedotti e fognature

Il popolo minoico di Creta e gli antichi abitanti dell'Iraq svilupparono uno dei primi sistemi per trasportare l'acqua attraverso brevi canali o tubi di argilla. Tuttavia, i Romani portarono letteralmente la tecnologia degli acquedotti a nuovi livelli, trasportando l'acqua per miglia attraverso tubi che attraversavano montagne e strutture elevate sopra le valli. L'acquedotto francese Pont du Gard si innalzava per 49 metri in aria.

L'acquedotto del Pont du Gard in Francia.[38]

Come facevano i Romani a far circolare l'acqua nelle tubature quando doveva superare le montagne? Utilizzavano sifoni a U rovesciata che scendevano e poi risalivano. La forza dell'acqua in discesa la spingeva di nuovo verso l'alto attraverso il tubo. Roma aveva undici acquedotti che portavano l'acqua a grandi cisterne nella città. Da lì, le tubature facevano scorrere l'acqua attraverso Roma per i bagni, per bere, per cucinare e per i servizi igienici.

L'acqua sporca doveva andare da qualche parte, così i Romani costruirono la *Cloaca Maxima* quando Roma era ancora un regno. Fu una delle prime fognature del mondo, che serviva a smaltire le acque reflue e a drenare le aree paludose di Roma. Era così grande che un carro di fieno poteva passarci attraverso! Sapevi che alcune parti di questa antica fognatura sono ancora in uso oggi?

Tutte le strade portano a Roma!

Le *viae Romanae*, o strade romane, si estendevano attraverso l'Europa, il Nord Africa e l'Asia occidentale. Questa rete stradale copriva in definitiva 120.000 chilometri. La funzione principale delle strade era quella di consentire spostamenti veloci. I militari potevano marciare rapidamente per trentadue chilometri al giorno per affrontare rivolte o altre emergenze. Queste strade miglioravano anche notevolmente il commercio su tre continenti. Erano così ben costruite che alcune conservano ancora oggi, a distanza di duemila anni, il loro acciottolato originale. Altre invece hanno costituito la base per le strade moderne.

Come costruivano le strade i Romani? Cominciavano scavando un'ampia trincea, che riempivano con quattro strati. Sul fondo c'era la terra, poi la ghiaia e infine i mattoni. Le lastre di roccia o i sampietrini costituivano la pavimentazione superiore. I Romani costruivano le loro strade per durare nel tempo! Erano in grado di resistere alle inondazioni e ai terremoti. Il centro della strada era leggermente rialzato per consentire all'acqua piovana di defluire verso i lati. I cartelli segnaletici indicavano i chilometri da percorrere e la distanza dalla città successiva.

Roma iniziò a costruire il suo eccezionale sistema stradale all'inizio della Repubblica Romana. Nel 450 a.C., la Legge delle Dodici Tavole, la prima legge scritta dell'antica Roma, stabiliva che le strade dovevano essere larghe circa due metri e mezzo. Il governo di Roma finanziava la costruzione delle strade, ma le province dovevano mantenerle e ripararle nelle aree che attraversavano i loro territori. I Romani scavavano gallerie attraverso le montagne e costruivano ponti su fiumi e profonde valli. Costruito nel 62 a.C., il ponte Fabricio sul Tevere a Roma è giunto fino a noi.

Il ponte Fabricio a Roma.⁸⁴

Nutrire i poveri: il primo sistema assistenziale di Roma

Nella tarda Repubblica e durante l'Impero, Roma importava grano, soprattutto dall'Egitto. Il governo lo vendeva a prezzo scontato ai cittadini più poveri nei momenti di emergenza. All'inizio dell'impero, il governo forniva pane gratuito a circa un quinto della popolazione. Offriva anche intrattenimenti a basso costo per allietare la popolazione povera. Gli imperatori speravano che, nutrendo e intrattenendo i più indigenti, si riducesse la probabilità che organizzassero proteste. Le persone in condizioni di povertà ricevevano una quantità di cibo sufficiente per sfamare due persone. Se avevano famiglie numerose, dovevano trovare altri modi per sfamare tutti.

Il calendario romano e i numeri romani

Si dice che Romolo, il fondatore di Roma, abbia sviluppato il primo calendario romano. Aveva dieci mesi e iniziava a marzo. Il re successivo lo modificò, rendendolo di dodici mesi, basandolo sull'anno solare. Durante la Repubblica Romana, l'anno durava 355 giorni. Tuttavia, questo non corrispondeva all'anno solare. Giulio Cesare lo revisionò nel 45 a.C., ispirandosi al calendario egizio. A quel tempo, un anno aveva

365 giorni e tutti i mesi, tranne febbraio, avevano 30 o 31 giorni. Febbraio aveva 28 giorni, tranne negli anni bisestili, che si verificavano ogni quattro anni, quando ne aveva 29.

Roma iniziò a utilizzare i *numeri romani* fin dai suoi primi anni, copiandoli dai vicini Etruschi. Le lettere rappresentavano i numeri. La lettera I corrispondeva all'uno, la V al cinque, la X al dieci e la L al cinquanta, mentre la C stava per cento, la D per cinquecento e la M per mille. Le combinazioni di queste lettere formavano altri numeri. E per i numeri grandi? Per esempio, l'anno 2024 si scrive MMXXIV. I numeri romani sono usati ancora oggi per indicare re e regine, come Re Carlo III. Si trovano anche in elenchi, capitoli di libri, seguiti di film e numeri di pagina all'inizio di un libro. Alcuni orologi e quadranti utilizzano ancora i numeri romani.

Ingegneria, matematica, astronomia e medicina

La macchina a vapore di Heron. Il fuoco riscaldava l'acqua, trasformandola in vapore che faceva girare la sfera.[85]

L'Egitto era una colonia romana durante i primi anni dell'impero. La città egizia di Alessandria era il centro intellettuale del mondo occidentale. Erone di Alessandria, che visse nel I secolo d.C., inventò il primo motore a vapore e una ruota alimentata dal vento. La formula di

Erone calcolava l'area di un triangolo in base alla lunghezza dei suoi lati. Nel II secolo d.C., Claudio Tolomeo di Alessandria scrisse l'*Almagesto*, un'opera sull'astronomia che elencava quarantotto delle ottantotto costellazioni riconosciute oggi dall'Unione Astronomica Internazionale. Diofanto, il padre dell'algebra, insegnò ad Alessandria nel III secolo d.C. Scrisse *Arithmetica*, che mostra come usare l'algebra per risolvere i problemi aritmetici.

Galeno, un medico greco che visse a Roma, dissezionò scimmie per comprendere il corpo umano. Dopo un po', trovò che i loro volti erano troppo simili a quelli umani e decise di passare a dissezionare maiali. Quando la Peste Antonina (probabilmente il vaiolo) colpì l'Impero tra il 166 e il 169 d.C., uccise almeno il 10% della popolazione, con stime che arrivano fino a metà del popolo romano. Galeno registrò i sintomi delle persone e sperimentò modi per trattarli.

L'arte del mosaico

Roma perfezionò l'arte del mosaico e la realizzò su una scala più grande rispetto a qualsiasi altra cultura. I primi mosaici erano composti da ciottoli, ma i Romani utilizzavano piccoli pezzi di ceramica, vetro o pietra tenuti insieme con malta per creare immagini o motivi. Solitamente, i mosaici coprivano una sezione del pavimento o del muro. Molti mosaici dell'antica Roma sono ancora oggi in condizioni abbastanza buone. Ci forniscono un'idea della vita quotidiana romana, della mitologia e della storia.

Atleti adolescenti in un mosaico siciliano del IV secolo d.C.[56]

Innocente fino a prova contraria!

La maggior parte delle culture antiche seguiva l'idea che una persona fosse colpevole fino a prova contraria. Se qualcuno veniva accusato di un crimine, doveva trovare delle prove o delle testimonianze per dimostrare la propria innocenza, ma ciò poteva essere difficile da fare. Supponiamo, per esempio, che il crimine sia avvenuto di notte, mentre eri a casa a dormire. Come potresti dimostrare di essere stato sul luogo dell'accaduto se non c'era nessun altro in casa? Non avresti testimoni.

Con il principio dell'innocenza fino a prova contraria, sarebbe invece l'altra parte a dover trovare prove per dimostrare che non eri a casa a dormire. Avrebbero bisogno di un testimone o di una prova che ti collocasse sulla scena del crimine. Al giorno d'oggi, la maggior parte dei paesi segue questo principio, grazie proprio all'antica Roma.

I tribunali romani avevano anche un'udienza preliminare per decidere se un caso avesse una "giusta causa" o abbastanza prove per andare a processo. In caso affermativo, il passo successivo era un'accusa formale che elencava i capi d'imputazione. Seguiva poi un processo con giuria, testimoni e prove. Oggi, la maggior parte dei tribunali nel mondo segue questo modello.

Idee politiche

Roma fu pioniera di concetti politici che oggi sono comuni nei governi democratici. Ebbe il primo governo su larga scala con una costituzione. Aveva un sistema di *pesi e contrappesi* che impediva a una persona o a un gruppo di persone di prendere tutte le decisioni. Un esempio, durante la Repubblica Romana, era la presenza di due consoli. Si bilanciavano a vicenda: se uno diventava un po' troppo estremo su qualcosa, l'altro poteva "controllarlo". Lo facevano di solito con un veto, un'altra innovazione romana.

Un altro esempio di pesi e contrappesi era il sistema a tre rami del governo romano. Nell'antica Roma erano il Senato e le assemblee a legiferare. Di solito, il Senato proponeva le leggi e le assemblee votavano per accettarle o rifiutarle. Il console di Roma era simile a un presidente di oggi. I consoli e, più tardi, l'imperatore, rappresentavano il potere esecutivo. Roma aveva anche un sistema giudiziario con otto giudici principali, simile all'attuale Corte Suprema.

Alla fine della Repubblica, il ramo legislativo di Roma rappresentava sia i patrizi che i plebei. Non tutti i cittadini potevano votare, ma le assemblee rappresentavano sia la classe lavoratrice che quella alta. Roma introdusse dei limiti di mandato. I consoli e altre posizioni importanti potevano ricoprire il ruolo per un solo anno. Roma introdusse anche l'impeachment: i senatori erano in carica a vita, ma il censore poteva metterli in questo stato se uscivano troppo dalle righe. Furono introdotti anche i requisiti di quorum, in base ai quali un certo numero di senatori doveva essere presente prima di votare su qualcosa. Le votazioni erano pubbliche e chiunque poteva ascoltare le discussioni sulle nuove proposte e le votazioni.

Attività di riepilogo

Pensa all'elenco dei successi romani qui sotto. Quali pensi siano i più importanti? Elencali in ordine di importanza, con il numero 1 come il più importante. Dai una breve spiegazione del perché lo pensi.

1. Il cemento
2. Thermopolium: cibo da asporto
3. Riscaldamento a pavimento
4. Acquedotti e fognature
5. Strade che durano ancora oggi
6. Cibo economico o gratuito per i poveri
7. Calendario e numeri romani
8. La macchina a vapore e la ruota a vento di Erone
9. Progressi in algebra e geometria
10. L'arte del mosaico
11. Innocente fino a prova contraria
12. Idee politiche: pesi e contrappesi, limiti di mandato, costituzione, impeachment ecc.

Capitolo 8: Figure colossali

Molti individui eccezionali lasciarono la loro impronta su Roma. Alcuni furono eroi che salvarono Roma dal disastro o la portarono a nuovi livelli di grandezza, altri lottarono con problemi di salute mentale e la portarono nel caos. Molte delle figure colossali di Roma furono al contempo brillanti e brutali, coraggiose ma corrotte. Tutte hanno comunque plasmato l'antica Roma, trasformandola nella forza di cambiamento mondiale che è diventata.

Camillo

Camillo accorse in soccorso di Roma nel 390 a.C., dopo che il popolo celtico dei Senoni sconfisse le truppe romane in una battaglia a pochi chilometri dalla città. I Celti uccisero metà dell'esercito di Roma. Una parte dei sopravvissuti fuggì nella città di Veio, mentre il resto corse verso Roma. Mentre i Celti avanzavano, i cittadini di Roma scapparono verso le colline. L'esercito e i senatori si rifugiarono sull'alto Campidoglio, portando con sé scorte di armi e cibo.

I Celti saccheggiarono e bruciarono Roma, ma non riuscirono a superare le difese del Campidoglio. I Senoni cominciarono a razziare i villaggi vicini in cerca di cibo. Camillo, un tempo dittatore di Roma, viveva in una zona rurale fuori città. Era caduto in disgrazia ed era stato esiliato. Egli spiò i Celti e vide che si ubriacavano di notte. Così, guidò un piccolo contingente e, durante la notte, uccise un'unità Senone che stava razziando il suo villaggio. Incoraggiati, i soldati romani a Veio chiesero a Camillo di guidarli in un contrattacco contro i Celti a Roma.

"Certamente!" rispose Camillo. "Ma il Senato deve revocare il mio esilio e nominarmi di nuovo dittatore".

Come far arrivare il messaggio ai senatori? Un giovane coraggioso si intrufolò a Roma di notte e scalò un sentiero segreto sul Campidoglio. I senatori, disperati e senza cibo, accolsero con entusiasmo la nomina di Camillo. Alleatosi con gli Etruschi, Camillo arrivò a Roma con 12.000 soldati, proprio mentre i Celti stavano negoziando con i senatori.

Brenno, il capo dei Senoni, come figura di prua di una nave da guerra francese.[87]

"Dateci mille libbre d'oro e ce ne andremo!" promise Brenno, il capo dei Senoni.

Camillo arrivò in quel momento e tuonò: "Non sarà l'oro a salvare Roma, ma il ferro delle nostre spade!".

Camillo riuscì ad annientare i Senoni. I Romani ricostruirono la loro città, prendendo il controllo dell'Italia centrale e meridionale.

Marco Licinio Crasso

Crasso fu l'uomo più ricco di Roma ai tempi di Giulio Cesare. La sua fortuna equivaleva a quasi quattordici miliardi di dollari oggi. Come aveva ottenuto tutto quel denaro? Proveniva da una ricca famiglia patrizia che aveva sostenuto il senatore Silla in una guerra civile contro il console Mario. Quando Mario ebbe il sopravvento, si appropriò delle proprietà della famiglia Crasso. Silla vinse la guerra e la famiglia Crasso riebbe le sue proprietà.

Il governo di Roma confiscò poi le terre appartenenti ai sostenitori di Mario. Crasso acquistò quei terreni a prezzi stracciati. Un altro modo in cui Crasso si procurò la terra fu istituendo il primo corpo dei vigili del fuoco di Roma, composto da cinquecento pompieri. I suoi uomini spegnevano gli incendi solo se i proprietari gli vendevano le loro proprietà a prezzi inferiori al mercato. Grazie ai suoi loschi traffici terrieri, Crasso possedeva più terre di chiunque altro a Roma. Possedeva anche miniere d'argento ed era un trafficante di schiavi.

Crasso fu considerato un eroe per aver finalmente posto fine alla rivolta degli schiavi guidata da Spartaco. Tuttavia, era così crudele nei confronti delle sue truppe che lo storico romano Appiano disse: "Per loro era più pericoloso del nemico". Crasso si unì a Giulio Cesare e Pompeo nel Primo Triumvirato. Quando Cesare divenne governatore della Gallia (Francia), Crasso servì come suo generale e conquistò la Normandia, nel nord della Francia.

Nel 53 a.C., Crasso marciò verso la Turchia con l'intenzione di combattere l'Impero Partico senza l'approvazione del Senato. Ignorò gli avvertimenti di stare lontano dal deserto e perse una battaglia contro i Parti, perdendo anche la testa.

Giulio Cesare

Il padre di Giulio Cesare morì quando lui aveva sedici anni. Si trovò così a dover prendere decisioni difficili come nuovo capofamiglia. Doveva scegliere immediatamente una carriera. Sfruttò le sue conoscenze influenti per farsi nominare sommo sacerdote del dio principale di Roma, Giove. In quel periodo, Cesare era fidanzato con Cossuzia, una ragazza di famiglia plebea. Tuttavia, un sacerdote di Giove doveva essere sposato con una donna patrizia: così, Cesare interruppe la relazione con Cossutia e sposò Cornelia, che aveva appena tredici anni. Giulio ne aveva sedici. La loro figlia, Giulia, fu la sua unica figlia legittima.

Giulio Cesare.[88]

Dopo aver formato il Primo Triumvirato, Giulio Cesare fu console di Roma per un anno. Nel 58 a.C. divenne governatore dell'Italia settentrionale e della Francia meridionale. Cesare attaccò le tribù degli Elvezi e dei Suebi che si riversavano in Francia dalla Germania. Attraversò anche la Manica. Pur non conquistando la Britannia, acquisì una preziosa conoscenza dell'isola. Scrisse il suo libro in otto volumi, *Commentarii de Bello Gallico* (Commentari sulle guerre galliche), in cui narrava le sue straordinarie conquiste. Ogni volta che completava una sezione, la inviava a Roma per assicurarsi che il popolo romano non si dimenticasse di lui e sapesse quanto fosse un grande eroe.

Quando Giulio Cesare tornò a Roma, fu eletto console di nuovo, e successivamente dittatore. Iniziò a promuoversi sempre più come un re piuttosto che come un leader nominato. Indossò una toga porpora e fece realizzare statue che lo raffiguravano con una corona. Il Senato, che solitamente contava tra cento e trecento uomini, fu ampliato da Cesare a mille membri, in modo da ottenere una maggioranza di senatori che sostenessero i suoi desideri.

La mattina del 15 marzo 44 a.C., la sua terza moglie, Calpurnia, si svegliò urlando terrorizzata. "Resta a casa!" disse, implorando Cesare. "Ho avuto un incubo in cui il tuo corpo era coperto di sangue!".

Cesare pensò di annullare la seduta del Senato, ma poi il suo amico Decimo Bruto arrivò a casa sua. "Stai davvero dando ascolto a una donna?". Imbarazzato, Cesare si avviò verso il Senato con Bruto, andando incontro al suo destino.

Marco Cicerone

Cicerone fu un erudito, uno scrittore e un console di Roma nel I secolo a.C. Era anche uno scettico: questa filosofia metteva in dubbio la possibilità di sapere davvero qualcosa, soprattutto su ciò che è giusto o sbagliato. Cicerone affermava di poter argomentare sia a favore che contro lo stesso tema e di poterlo fare in modo ugualmente convincente. Incoraggiava le persone a pensare con la propria testa, anziché limitarsi ad accettare ciò che dicevano gli "esperti".

Cicerone voleva disperatamente risolvere la crisi che stava distruggendo Roma. Scrisse molti documenti per chiedere il ritorno alla legge e all'ordine. Affermava che ciò sarebbe potuto accadere solo se tutti avessero collaborato. Cicerone invocava la libertà, ma non un tipo di libertà anarchica che ignorasse i diritti degli altri. "La legge è il fondamento della libertà, e siamo tutti schiavi della legge per poter essere liberi". Cicerone credeva in una legge naturale immutabile che si applicava a tutti, ritenendo che seguirla fosse la chiave della giustizia.

Quando Marco Antonio si scontrò con Ottaviano, Cicerone difese Ottaviano con discorsi infuocati. "Antonio è un fuorilegge!" ruggì Cicerone. Tuttavia, quando il Senato complottò per uccidere Ottaviano, Cicerone si sentì disperato. Ottaviano si unì ad Antonio e Lepido nel Secondo Triumvirato. Antonio inserì Cicerone nella lista dei nemici dello Stato, nonostante le proteste di Ottaviano. Cicerone fu braccato e catturato mentre cercava di fuggire in Macedonia. Offrì il suo collo, permettendo ai carnefici di decapitarlo.

Cleopatra nel 46 a.C. con il figlio Cesarione raffigurato come un Cupido.[89]

Marco Antonio e Cleopatra VII

Da adolescente, Marco Antonio faceva parte di una banda di strada a Roma. In seguito, si arruolò nell'esercito, dove scalò i ranghi fino a diventare il braccio destro di Cesare. Mentre Cesare combatteva in Egitto, Antonio tentò di ristabilire l'ordine a Roma come console. Tuttavia, Antonio era più adatto alla guerra che a governare una città. Cesare dovette tornare a Roma per calmare la situazione. Successivamente, al funerale di Cesare, Antonio mostrò al popolo la toga insanguinata di Cesare, facendo infuriare la folla. I senatori coinvolti nell'assassinio fuggirono da Roma, lasciando Antonio al comando.

Nel 41 a.C., Antonio chiese a Cleopatra di incontrarlo. Dovevano risolvere alcune questioni tra Roma ed Egitto. Il figlio di Cleopatra e Giulio Cesare, Cesarione, era il suo co-faraone. Cleopatra risalì il fiume per incontrare Antonio su una bellissima barca con vele porpora e remi d'argento. Quando Antonio la vide vestita come Afrodite, la dea dell'amore, cadde sotto il suo incantesimo. Si trasferì ad Alessandria d'Egitto e insieme ebbero due gemelli. Nel frattempo, a Roma, la moglie di Antonio, Fulvia, combatteva contro il Senato per la ridistribuzione delle terre di Ottaviano, che lei sapeva che Antonio non avrebbe approvato.

Con l'aiuto del fratello di Antonio, Lucio, scatenò una guerra contro Ottaviano. I due persero e Fulvia fuggì in Grecia, dove incontrò Antonio. Invece di congratularsi con lei per aver difeso la sua causa, Antonio la rimproverò per aver incitato una guerra. Fulvia morì pochi giorni dopo, forse avvelenata. Antonio si affrettò a tornare a Roma. Riconciliatosi con Ottaviano, sposò sua sorella, Ottavia, poco dopo la morte di Fulvia.

Antonio aveva bisogno di combattere l'Impero dei Parti, ma non aveva un esercito abbastanza grande. Rinnovò la sua relazione con Cleopatra per ottenere il controllo dell'esercito egiziano, e con lei ebbe un altro figlio. A Roma, Ottaviano cominciò a sentire voci sul cognato. Si recò al tempio delle Vestali e trovò il testamento segreto di Antonio. Ottaviano scoprì che Antonio intendeva cedere alcune province romane ai suoi figli avuti con Cleopatra e che dichiarava Cesarione erede di Cesare. Ottaviano portò queste informazioni al Senato, che dichiarò guerra ad Antonio e Cleopatra.

Una moneta emessa nel 32 a.C. con Cleopatra su un lato e Antonio sull'altro.[40]

Dopo aver perso la guerra, Antonio si pugnalò con la sua spada. Cleopatra, sapendo che i Romani l'avrebbero costretta a marciare in catene per Roma, scelse di lasciarsi mordere da un serpente velenoso. Morì a causa del suo veleno. Ottaviano seppellì la coppia insieme, ma decise di fare uccidere Cesarione. Risparmiò i figli di Cleopatra avuti da Antonio e li affidò alla sorella Ottavia perché li crescesse. Questo gesto era alquanto strano, dato che erano figli dell'amante di suo marito, ma Ottavia era conosciuta come una donna gentile.

Marco Vipsanio Agrippa

Agrippa e Ottaviano (in seguito Cesare Augusto) erano grandi amici fin da ragazzi. Entrambi avevano diciannove anni e si trovavano nell'esercito quando vennero a sapere della morte di Cesare. Ottaviano, Agrippa e un altro amico, Rufo, si incontrarono per decidere il da farsi. Ottaviano era il nipote di Cesare e il suo erede.

"Andare a Roma sarà pericoloso! Gli assassini di Cesare cercheranno di prendere anche te" avvertì Rufo.

"È vero" rispose Agrippa. "Ma credo che la cosa migliore da fare sia affrontare la sfida di petto".

Agrippa e Ottaviano combatterono contro gli assassini di Cesare nella battaglia di Filippi del 42 a.C. La loro vittoria pose fine alla guerra civile, mettendo Ottaviano saldamente al comando di Roma. Poco dopo, Agrippa fu eletto tribuno della plebe. Guidò l'Assemblea popolare, propose nuove leggi e aiutò i plebei a risolvere i problemi legali. Agrippa divenne console nel 37 a.C., un fatto straordinario perché era un plebeo. Aveva anche solo ventisei anni, mentre un console doveva avere almeno quarantatré anni.

Mentre Cesare Augusto trasformava Roma da una Repubblica a un Impero, Agrippa rimase il suo più stretto alleato e il suo secondo in comando. Fu Agrippa a sconfiggere Antonio e Cleopatra nella battaglia di Azio nel 31 a.C. Oltre a essere un eccellente comandante militare, era architetto e ingegnere. Costruì il Pantheon sul suo terreno come tempio dedicato a tutti gli dèi di Roma. Nel 609 d.C., divenne una chiesa cattolica.

Agrippa costruì acquedotti, terme e giardini a Roma, e fece una ricognizione completa di tutto l'Impero Romano. Sposò la figlia di Augusto, Giulia. Augusto adottò i loro due figli, Gaio e Lucio. Progettò di fare di uno di loro il prossimo imperatore, ma entrambi morirono prima di lui. La figlia Agrippina fu sorella dell'imperatore Caligola e madre dell'imperatore Nerone.

Nerone

Nel 54 d.C., Nerone divenne imperatore all'età di sedici anni. Sua madre lo costrinse a sposare la sorellastra Ottavia. I romani adoravano Ottavia, ma non Nerone. Egli proveniva da una famiglia bizzarra e violenta, ma da adolescente fu guidato dal suo tutore Seneca e dal suo consigliere Burro. All'epoca fece buone riforme e ottenne successi militari in Europa occidentale.

Nerone e sua madre, Agrippina."

Nerone era più interessato alla musica, alla danza, alla poesia e alle corse di carri. Partecipò ai Giochi Olimpici e vinse tutte le competizioni, anche quando il suo carro si ribaltò. Con il passare del tempo, Nerone soffrì di una malattia mentale che lo rese violento. Quando la sua amante, Poppea, rimase incinta, divorziò da Ottavia e la sposò. In seguito, tuttavia, Poppea e Nerone litigarono: "Passi troppo tempo con le corse!" gridò lei. Nerone le diede un calcio nel ventre, causandole un aborto spontaneo. Poppea morì per le complicazioni. Distrutto dal dolore, Nerone sposò una ragazza che assomigliava alla sua defunta moglie.

Nel 64 d.C., Roma bruciò per una settimana, e la popolazione accusò Nerone di aver appiccato il fuoco per fare spazio al suo nuovo progetto edilizio. Nerone scaricò la colpa sui cristiani. Molti cristiani morirono per mano sua. Fece decapitare l'apostolo Paolo e crocifiggere l'apostolo Pietro.

Traiano

L'imperatore Nerva aveva un problema: era anziano e malato. Non sarebbe vissuto a lungo e non aveva figli. Chi l'avrebbe succeduto? Traiano non era imparentato con Nerva, ma aveva una carriera militare eccellente e proveniva da una famiglia importante. Era sì nato in Spagna, ma i suoi genitori erano romani. Nerva adottò Traiano come suo erede e morì sei mesi dopo, nel 98 d.C.

Traiano e la moglie Pompeia non ebbero figli. Tuttavia, Traiano adottò i suoi giovani cugini, Adriano e Paolina, quando i loro genitori morirono. Traiano era cresciuto nelle province di Roma. Suo padre era stato governatore della Siria, della Cappadocia e della Spagna. Pertanto, era sensibile alle esigenze dei cittadini romani che vivevano fuori dall'Italia. Riteneva che il Senato dovesse includere uomini provenienti dalle province per sostenere adeguatamente le loro esigenze. Nominò quattordici greci come senatori di Roma.

L'Impero Romano raggiunse la sua massima estensione sotto Traiano. Conquistò la Dacia (Romania), il Regno Nabateo (Giordania), l'Armenia e la Babilonia (Iraq meridionale). Traiano raccolse un'enorme quantità di bottino in queste conquiste, che portò a Roma. Una parte delle ricchezze fu destinata a un programma assistenziale che forniva istruzione e cibo agli orfani e ai bambini poveri d'Italia. Organizzò anche dei giochi al Colosseo. Per tre mesi di fila, cinque milioni di romani affollarono il Colosseo per assistere a corse di carri e combattimenti tra gladiatori. Morirono 11.000 combattenti.

Adriano

Adriano divenne imperatore nel 117 d.C., dopo la morte del cugino Traiano, regnando per ventuno anni. Trascorse metà del suo tempo viaggiando attraverso le province romane per assicurarsi che tutto fosse in ordine. Controllava che i governatori seguissero i suoi ordini e che l'esercito fosse disciplinato. Nel 122 d.C. costruì il Vallo di Adriano in Britannia: questo muro si trovava vicino al confine dell'attuale Inghilterra e Scozia, era lungo 113 chilometri e si estendeva dalla costa del Mare del Nord fino al Mare d'Irlanda. Adriano costruì il muro per tenere lontani i Pitti, una popolazione del nord con caratteristici tatuaggi blu.

Adriano.⁴⁸

Adriano decise di ricostruire Gerusalemme, distrutta da Tito nel 70 d.C., con il nuovo nome di Aelia Capitolina. Gli ebrei pensarono che avrebbe permesso loro di ricostruire il tempio. Tuttavia, rimasero inorriditi quando, invece, costruì un tempio dedicato a Giove sul Monte del Tempio, dove un tempo sorgeva il Tempio ebraico.

Gli ebrei guidarono la Rivolta di Bar Kokhba contro i Romani in Giudea, ma subirono una sconfitta devastante. I Romani uccisero mezzo milione di ebrei, ne ridussero in schiavitù centomila e distrussero centinaia di città e villaggi ebraici. Adriano cambiò il nome della Giudea in Palestina. Gerusalemme era stata la città santa degli ebrei per un millennio, ma Adriano vietò loro di vivere nella loro antica capitale.

Attività di riepilogo

Indica Vero (V) o Falso (F) per ogni affermazione. Controlla le risposte alla fine del libro.

( ) 1. Camillo era un ex dittatore romano che era stato esiliato.

( ) 2. Crasso si arricchì grazie alle miniere d'argento, al traffico di schiavi e ai loschi affari terrieri.

( ) 3. Giulio Cesare scrisse *Commentari delle Guerre Galliche* sulle sue conquiste in Galilea.

( ) 4. Cicerone diceva alla gente di credere a ciò che dicevano gli esperti e di non cercare di pensare con la propria testa.

( ) 5. Cleopatra sedusse Marco Antonio vestendosi da Afrodite.

( ) 6. La moglie di Marco Antonio, Fulvia, entrò in guerra contro Ottaviano.

( ) 7. Agrippa era il nemico giurato di Ottaviano (Cesare Augusto).

( ) 8. Nerone incolpò i cristiani quando Roma bruciò.

( ) 9. L'Impero Romano si ridusse durante il regno di Traiano.

( ) 10. Adriano costruì il Vallo di Adriano in Giudea.

Capitolo 9: Costantino e il cristianesimo

Molte cose cambiarono quando Costantino divenne imperatore. Costruì la nuova capitale di Costantinopoli, nel punto d'incontro tra Europa e Asia. Anche se non fu battezzato fino a poco prima della sua morte, fu il primo imperatore cristiano.

Cosa portò a questi cambiamenti? Dobbiamo tornare indietro alla dinastia dei Severi, alla crisi del III secolo e alla persecuzione dei cristiani da parte di Diocleziano. Questi eventi hanno posto le premesse per l'ascesa al potere di Costantino e la sua trasformazione dell'impero.

La dinastia dei Severi

Settimo Severo nacque in Libia e fu il primo imperatore africano dell'Impero Romano. Come divenne imperatore? Severo iniziò a lavorare nell'esercito e si fece strada fino a diventare tribuno della plebe. In seguito, fu nominato governatore della Pannonia Superiore, nell'Europa centrale.

Nel frattempo, l'imperatore Commodo era preda di deliri: si credeva Ercole, il figlio di Zeus. Quando il Senato si rifiutò di assecondarlo, Commodo fece uccidere la maggior parte dei senatori. Tutti tirarono un sospiro di sollievo quando il suo compagno di lotta lo uccise. Severo si fece strada fino al vertice nel violento Anno dei Cinque Imperatori. Uccise la maggior parte dei suoi rivali finché non rimase l'unico imperatore in piedi.

L'imperatore Severo, Julia Domna e i loro figli, Geta e Caracalla. Caracalla uccise Geta e cancellò il suo volto dal dipinto.⁴⁵

Durante la dinastia dei Severi, gli ebrei e i cristiani subirono spesso trattamenti ingiusti. I Romani imponevano a tutti i popoli conquistati di riconoscere gli dèi romani. Alla maggior parte delle persone non importava: erano politeiste e potevano semplicemente aggiungere gli dèi romani ai propri. Tuttavia, gli ebrei e i cristiani erano *monoteisti*, cioè adoravano un solo dio e non offrivano sacrifici agli dèi romani.

A volte, i Romani tolleravano gli ebrei perché avevano una lunga tradizione di culto monoteista. Ma il cristianesimo era una religione nuova e i Romani non ne comprendevano i sacramenti, come la comunione. Alcuni romani pensavano che i cristiani fossero cannibali, perché dicevano che il vino e il pane erano il "corpo e il sangue di Cristo".

Tuttavia, a Severo piacevano i cristiani. Aveva un medico cristiano che gli aveva salvato la vita, e non emanò mai decreti contro i cristiani. Durante il suo regno, furono i leader locali ad agire contro di loro, torturandoli e uccidendoli. Li gettavano nell'acqua bollente, tagliavano loro la testa e li davano in pasto agli animali selvatici. Altri imperatori della dinastia dei Severi perseguitarono i cristiani. Per esempio, due vescovi di Roma furono giustiziati.

L'ultimo imperatore della dinastia dei Severi fu Alessandro Severo, che salì al trono a soli quindici anni. Lui e sua madre erano interessati agli insegnamenti di Gesù e prendevano lezioni dal teologo cristiano Origene. Alessandro pregava Gesù ogni mattina, ma pregava anche gli dèi romani e i suoi antenati. Non voleva escludere nessuno. Quando gli Alemanni, una popolazione germanica, attaccarono la Francia, Alessandro cercò di corromperli con un pagamento per farli ritirare. I suoi soldati considerarono questo atto di corruzione un gesto di codardia. Lo uccisero insieme a sua madre, ponendo fine alla dinastia dei Severi.

La crisi del terzo secolo

Una serie di disastri tra il 235 e il 284 d.C. sconvolse l'Impero Romano. Le invasioni degli Alamanni, dei Goti e dei Vandali terrorizzarono la popolazione romana. Il valore della moneta crollò e molti morirono a causa della terrificante Peste di Cipriano. Nel frattempo, Roma fu scossa da un caos politico: ben cinquantadue signori della guerra tentarono di impadronirsi del trono.

L'imperatore Valeriano temeva la crescente diffusione della fede cristiana. Credeva che gli dèi romani fossero arrabbiati a causa di ciò. Secondo lui, era quello il motivo per cui stavano accadendo così tante catastrofi. Nel 257 d.C. ordinò che tutti i senatori e i pastori cristiani fossero decapitati o bruciati vivi. Papa Sisto II e il vescovo Cipriano furono decapitati. Due anni dopo, i Persiani catturarono Valeriano. Suo figlio, Gallieno, emanò il Decreto di Tolleranza, restituendo ai cristiani le loro chiese e i cimiteri.

Cipriano era un vescovo africano che esortò i cristiani a prendersi cura dei malati e a seppellire i morti durante la pandemia."

Durante questa crisi di leadership, l'Impero Romano si divise in tre parti. Francia, Spagna e Britannia formarono l'Impero Gallico. La regina Zenobia governò l'Impero di Palmira, che includeva Siria, Palestina ed Egitto. La situazione iniziò a migliorare quando l'imperatore Claudio II riconquistò la Spagna. Dopo la sua morte a causa della peste, fu Aureliano a ricomporre l'Impero Romano. Tuttavia, la gloria e la ricchezza di Roma erano ormai un lontano ricordo.

Diocleziano divide l'Impero

Diocleziano divenne imperatore nel 284 d.C. L'impero era troppo vasto per essere governato da un solo uomo, quindi lo divise. Diocleziano governò l'Oriente, mentre il generale Massimiano governò l'Occidente. Nel 293 d.C., Diocleziano elaborò un nuovo piano con quattro imperatori. Lui e Massimiano erano gli imperatori principali. Galerio e Costanzo erano gli imperatori minori. Galerio avrebbe preso il posto di Diocleziano alla sua morte o al suo ritiro. Costanzo avrebbe preso il posto di Massimiano. Il figlio di Costanzo, Costantino, sarebbe diventato un imperatore minore quando suo padre fosse diventato imperatore principale. Massenzio, figlio di Massimiano, avrebbe preso il posto di Galerio.

"Spero che tutto funzioni" disse Diocleziano a Massimiano. "Sto cercando di evitare tutti i drammi che di solito si verificano quando muore un imperatore".

La Grande Persecuzione

Diocleziano e Galerio ottennero un'entusiasmante vittoria sui Persiani dell'Impero Sassanide. Tuttavia, si presentò un problema. Stavano offrendo con gioia sacrifici agli dèi. Di solito, i sacerdoti ispezionavano gli intestini degli animali sacrificati per predire il futuro. Ma questa volta non riuscivano a leggere i presagi. Qualcosa bloccava le loro divinazioni.

"Sire", i sacerdoti si rivolsero a Diocleziano. "Crediamo che i cristiani nel tuo palazzo stiano mettendo a tacere i nostri dei".

"Questi cristiani sono dappertutto!" sbottò Galerio.

"E ora i nostri dèi non ci parlano! Dobbiamo fare qualcosa".

"Sono d'accordo" disse Diocleziano.

"Ma non voglio spargimenti di sangue. Chiederò ai miei soldati e a tutti i funzionari di corte di sacrificare agli dèi romani. Chi si rifiuta perderà il lavoro. Questo dovrebbe risolvere il problema".

Non funzionò. I cristiani si rifiutarono di sacrificare agli dèi romani. Diocleziano espulse tutti i cristiani dall'esercito e dal governo. Ordinò di bruciare le Bibbie e distruggere le chiese. Fece incarcerare i sacerdoti e proibì ai cristiani di riunirsi.

"Non serve a niente! Dobbiamo ucciderli" insistette Galerio. "Altrimenti prenderanno il sopravvento!".

Così ebbe inizio la Grande Persecuzione. Migliaia di cristiani furono uccisi per ordine di Diocleziano. I Romani, tuttavia, iniziarono a provare compassione per i cristiani. In Britannia, Costanzo ignorò per lo più gli ordini. La sua prima moglie, Elena, era cristiana. Il re Tiridate di Armenia ricevette una guarigione miracolosa e si convertì al cristianesimo nel 301 d.C. Dichiarò l'Armenia, che faceva parte dell'Impero Romano, uno Stato cristiano. Il cristianesimo cresceva più velocemente che mai. Come aveva scritto Tertulliano un secolo prima: "Il sangue dei martiri è il seme della Chiesa".

Costantino combatte per raggiungere il potere

Diocleziano stava invecchiando ed era malato. Galerio lo costrinse, insieme a Massimiano, ad abdicare. Galerio divenne l'imperatore principale, mentre Costanzo ricopriva l'altro ruolo di imperatore principale, ossia di collega augusto. Galerio mise fuori gioco Costantino e Massenzio. Introdusse il suo compagno di bevute, Severo, e suo nipote, Massimino, come nuovi imperatori minori. In quel periodo, Costantino viveva a palazzo e si stava preparando per diventare imperatore minore. Tuttavia, il piano per lui svanì: il palazzo ormai apparteneva a Galerio.

"Costantino, devi andartene subito da lì!" scrisse Costanzo a suo figlio. "Non è sicuro. Vieni in Britannia!".

Quella notte, dopo aver fatto ubriacare Galerio, Costantino chiese il permesso di partire.

"Sì, va bene" mormorò Galerio.

Costantino scappò quella notte stessa, prima che Galerio smaltisse la sbornia. Si recò in Britannia e combatté i Pitti con Costanzo. Un anno dopo, Costanzo, prima di morire, dichiarò Costantino suo successore. Aveva il sostegno degli eserciti di Francia e Britannia.

Costantino scrisse a Galerio. "Sire, mi dispiace informarvi della morte di mio padre. Il suo esercito mi ha costretto a diventare il nuovo imperatore al suo posto. Mi scuso per questa situazione irregolare, ma, sire, è naturale che un figlio succeda al padre".

Galerio divenne viola dalla rabbia: "Brucerò questa lettera e poi brucerò Costantino!".

"Oh, vi prego di ripensarci, sire" lo supplicarono i suoi consiglieri. "Scegliete una via di mezzo! Dobbiamo evitare la guerra aperta. Ha alle spalle le legioni di Francia e Gran Bretagna! In ogni caso, abbiamo bisogno di un nuovo imperatore minore, dato che Severo sta per assumere la carica di imperatore principale".

Così, negoziarono un compromesso. Costantino non sarebbe diventato imperatore principale, ma avrebbe assunto il ruolo di imperatore minore, come previsto dal piano di Diocleziano. Governò i territori che erano stati di suo padre: Britannia, Francia e Spagna.

Massimiano	Ex imperatore principale con Diocleziano, costretto al ritiro
Massenzio	Figlio di Massimiano, destinato a diventare imperatore minore, ma escluso
Massimino	Nipote di Galerio e attuale imperatore minore

In Italia, Massenzio ribolliva di gelosia. "Diocleziano voleva che fossi l'altro imperatore minore! Mi dichiaro imperatore d'Italia!".

Severo marciò verso l'Italia per arrestare Massenzio. Tuttavia, egli guidava un esercito che era stato sotto il comando di Massimiano. Gli uomini erano ancora fedeli a Massimiano, quindi disertarono a favore del figlio e uccisero Severo.

"È tempo di uscire dal ritiro!" esultò Massimiano. Divenne co-imperatore con il figlio Massenzio. Poi scrisse a Costantino, offrendogli in sposa sua figlia Fausta.

"Ti aiuterò a diventare imperatore principale se mi aiuterai a combattere Galerio".

Costantino preferì attendere l'evoluzione degli eventi prima di combattere Galerio: fu una mossa saggia, perché Massenzio e suo padre non andavano d'accordo. Massimiano tradì suo figlio incontrando

Galerio e Diocleziano per rivedere il piano. Il nuovo imperatore principale, accanto a Galerio, divenne il suo vecchio amico Licinio. Costantino rimase imperatore minore, e Massimino mantenne il suo ruolo. Massimiano e Diocleziano si ritirarono di nuovo. Massenzio rimase senza nulla.

Poco dopo, Galerio si ammalò gravemente: aveva una cancrena nella parte bassa dell'addome. Sul letto di morte, Galerio emanò l'Editto di Tolleranza nel 311 d.C.: "Ora riconosciamo e accettiamo la religione cristiana nell'impero. Chiediamo ai cristiani di pregare il loro Dio per la nostra sicurezza e per la pace di tutto l'impero".

La morte di Galerio lasciò Licinio come imperatore principale. Costantino era sotto di lui. Massenzio si proclamò immediatamente imperatore minore di Massimino. Ma Costantino attraversò le Alpi e marciò verso Roma per combattere Massenzio. Durante il viaggio, ebbe una visione. Vide una croce nel cielo e le parole: "con questo segno vincerai". Quella notte, sognò che Gesù gli diceva la stessa cosa. Costantino non era ancora cristiano, ma fece realizzare un nuovo emblema ufficiale: una X sovrapposta a una P. Queste erano le prime due lettere della parola greca ΧΡΙΣΤΟΣ, che significa "Cristo". Mise questo emblema sul suo elmo, sugli scudi dei soldati e sul vessillo di battaglia.

X (chi) e P (rho), il nuovo emblema di Costantino."

Massenzio incontrò Costantino con il suo esercito presso il fiume Tevere. Gli uomini di Costantino sconfissero rapidamente i loro avversari. Massenzio annegò nel fiume, mentre Costantino entrò a Roma tra gli applausi del popolo. Infrangendo la consuetudine, non sacrificò a Giove, ma pacificò il Senato promettendo loro che avrebbero riacquistato il potere. L'anno successivo, Massimino combatté contro Licinio. Voleva essere l'unico imperatore principale, ma perse e fuggì in Turchia, dove morì.

L'Editto di Milano

Ora, c'erano solo due imperatori: Licinio e Costantino. Costantino diede sua sorella Costanza in sposa a Licinio. Mentre celebravano il matrimonio a Milano, gli imperatori formularono l'Editto di Milano nel 313 d.C. Questo editto dava a ogni romano la possibilità di praticare il proprio culto a piacimento, applicandosi a tutte le religioni. Il cristianesimo aveva ora uno status giuridico, il che significava che i cristiani non potevano più essere perseguitati. Furono liberati dalle prigioni e dalla schiavitù e riottennero le loro chiese.

Costantino era già cristiano a quel tempo? Non adorava pubblicamente gli dèi romani, ma per alcuni anni il dio Sole, Sol Invictus, apparve ancora sulle sue monete. Non fu battezzato, ma si fece istruire e consigliare da ministri cristiani. Lesse la Bibbia e donò denaro per costruire nuove chiese.

Costantinopoli

Licinio e Costantino furono co-imperatori per i dieci anni successivi. Tuttavia, Licinio si arrabbiò quando Costantino attraversò il suo territorio mentre inseguiva un gruppo di Goti. I due entrarono in guerra e Licinio alla fine si arrese. La sorella di Costantino, Costanza, implorò il fratello di risparmiare suo marito. Inizialmente, Costantino lo fece. Ma quando Licinio tentò di raccogliere truppe per sfidarlo nuovamente, Costantino lo fece impiccare.

Costantino.[46]

Costantino divenne l'unico imperatore dell'Impero Romano. Voleva una nuova capitale che rappresentasse la fusione tra Oriente e Occidente dell'Impero. Bisanzio era un'antica colonia greca fondata nel VII secolo a.C. Sorgeva su una striscia di terra che si affacciava sullo stretto del Bosforo, collegamento tra il Mar Nero e il Mar di Marmara. Questo stretto divideva l'Europa dall'Asia ed era in una posizione perfetta per controllare il commercio marittimo.

Circondata su tre lati dall'acqua, la città era facile da difendere. Nel 324, Costantino iniziò a trasformare Bisanzio in un brillante centro commerciale e culturale. La ribattezzò Costantinopoli. La città crebbe rapidamente, diventando la più ricca e grande del mondo. Costantinopoli continuò a essere la capitale dell'Impero Romano d'Oriente (o Impero Bizantino) per undici secoli. Oggi è conosciuta come Istanbul.

Il Concilio di Nicea

Nel 325, Costantino convocò una conferenza dei vescovi cristiani. Una controversia stava dividendo la Chiesa e Costantino voleva che fosse risolta rapidamente. I vescovi si riunirono a Nicea, una città al di là dello stretto del Bosforo, dove Costantino stava costruendo la sua nuova capitale. Qual era la controversia? Riguardava la Trinità: il Padre (Dio), il Figlio (Gesù) e lo Spirito Santo.

Ario, un sacerdote di Alessandria, stava insegnando qualcosa di diverso dalla maggior parte delle altre chiese. Diceva: "Gesù non può essere uguale a Dio. Sappiamo che Dio Padre è sempre esistito. È eterno, senza inizio né fine. Ma Gesù ha avuto un inizio. Gesù non è eterno".

Costantino convocò i vescovi affinché chiarissero la questione. Più di trecento vescovi si presentarono. Quando entrarono nella sala, la prima cosa che videro fu una Bibbia aperta sul tavolo. Ricordava a tutti che non si trattava di una battaglia d'ingegno, ma di una battaglia per ciò che era scritto nel libro.

Costantino entrò nella stanza. Tutti tacquero mentre parlava.

"Siamo qui per decidere una questione importante. Chiedo a tutti i presenti! Lavorate in unità. Mettete da parte qualsiasi problema personale che avete nei confronti di qualcun altro. Dobbiamo concentrarci sulla questione in oggetto. Cristo ci dice di perdonare i nostri fratelli. Insisto sulla pace in questa stanza. La divisione nella Chiesa è peggio della guerra!".

I vescovi iniziarono a discutere l'insegnamento di Ario. Era in linea con le Scritture?

"Guardate! Ario dice che Gesù ha avuto un inizio. Ma l'apostolo Giovanni dice qualcosa di diverso. In principio era il Verbo, il Verbo era con Dio e il Verbo era Dio. In principio era con Dio. Per mezzo di lui sono state fatte tutte le cose e senza di lui non è stato fatto nulla di ciò che è stato fatto".

"Gesù non è stato creato, ma è il creatore. Sì, il corpo fisico di Gesù ha avuto un inizio, ma egli esisteva come Dio da sempre".

Ario ribatté: "La Scrittura dice in Colossesi 1:15 che Gesù è 'il primogenito di tutta la creazione'. Se è nato, allora ha avuto un inizio. È la creazione più antica e più amata di Dio. È la discendenza diretta di Dio. Ma Gesù non può essere uguale a Dio".

Tuttavia, altri vescovi sottolinearono: "Il versetto successivo, Colossesi 1:16, dice: 'Tutte le cose sono state create per mezzo di lui e in vista di lui'. Come potrebbe Gesù *essere* creato se ha creato *tutte le* cose? Gesù ha detto: 'Io e il Padre siamo una cosa sola' in Giovanni 10:30".

La maggioranza dei vescovi decise che Gesù il Figlio era uguale a Dio Padre e allo Spirito Santo. Scrissero il Credo di Nicea, che definì la dottrina della Trinità.

Nel 337, Costantino si ammalò gravemente. Si rese conto che non sarebbe sopravvissuto. Chiamò i vescovi al suo capezzale. "Ho sempre desiderato essere battezzato nel fiume Giordano, dove Giovanni battezzò Gesù. Ma temo di aver aspettato troppo a lungo. Ho bisogno del battesimo immediatamente, perché morirò presto". Il vescovo Eusebio di Nicomedia battezzò Costantino poco prima che morisse.

Attività di riepilogo

Riempi gli spazi vuoti sottostanti con la risposta corretta. Ricorda che le risposte sono alla fine del libro se hai bisogno di aiuto.

Costantino	Costantinopoli	Consiglio di Nicea
Crisi del terzo secolo	Diocleziano	Editto di Tolleranza
Galerio	Grande Persecuzione	Severo

Settimo _____ fu il primo imperatore africano dell'Impero Romano. Diede inizio alla dinastia dei Severi. Durante questo periodo, nelle province si verificarono persecuzioni contro i cristiani. La dinastia dei Severi terminò con la _____ ____ _____ _____, quando invasioni, una terribile peste, un disastro economico e il caos politico quasi distrussero l'Impero. Quando l'Impero si riprese, _____ lo divise in quattro sezioni guidate da due imperatori principali e due imperatori minori. Lui e _____ iniziarono la _____ _____ dei cristiani. Migliaia di persone morirono. Mentre stava morendo, Galerio emanò l' _____ ____ _____ nel 311, che pose fine alla persecuzione dei cristiani imposta dallo Stato. _____ divenne infine l'unico imperatore dell'Impero Romano. Costruì la sua nuova capitale _____ sullo stretto del Bosforo. Convocò il _____ ____ _____ per far discutere i vescovi sulla Trinità.

Capitolo 10: La caduta di un Impero

Costantino unì l'impero e pose fine alla persecuzione dei cristiani. Tuttavia, la sua morte segnò l'inizio della fine dell'Impero, almeno per la parte occidentale. Nel giro di 140 anni, l'Impero Romano d'Occidente crollò, per non risorgere mai più.

Nel frattempo, l'Impero d'Oriente continuò a prosperare per secoli. Gli storici lo chiamarono successivamente Impero Bizantino, ma i suoi cittadini lo consideravano ancora l'Impero Romano. Non importava che Roma fosse fuori dai suoi confini. L'Impero d'Oriente si separò dalla Chiesa Cattolica Romana e sostituì il latino con il greco come lingua principale. Tuttavia, nella loro mente, rimaneva l'Impero Romano, che continuava la sua eredità.

Perché cadde l'Impero Romano?

Sebbene ci siano molte cause che portarono alla caduta dell'Impero Romano, cinque si distinguono per importanza. Roma ebbe poco controllo sulle prime tre: soffrì a causa di invasioni, cambiamenti climatici e pandemie. Le altre due cause furono funzionari governativi incapaci e il disastro economico. Tutte e cinque insieme formarono una combinazione letale che mise Roma in ginocchio.

1. Invasioni

L'Impero persiano-sassanide fu una costante spina nel fianco dell'Impero Romano d'Oriente. I Sassanidi dominarono il Medio

Oriente per quattro secoli, a partire dal 224 d.C., conquistando le province asiatiche di Roma. Nel frattempo, l'Impero dovette difendersi da orde di barbari, andando in bancarotta per mantenere l'esercito.

Chi erano questi barbari che portavano scompiglio? E che cos'è un barbaro? Il nome deriva da una parola greca che indicava chiunque non fosse greco. I romani usarono la parola per riferirsi a gran parte delle popolazioni al di fuori dell'impero, in particolare a chi ritenevano "incivile".

Una delle maggiori minacce per Roma erano i Goti. Essi provenivano dalla Scandinavia, ma migrarono in Germania. Nel 268 d.C., i Goti invasero la Macedonia e la Grecia. L'imperatore Claudio II li scacciò, guadagnandosi il soprannome di "Gothicus". La sua vittoria fu un punto di svolta nella crisi del III secolo.

Claudio II Gothicus.[47]

L'imperatore successivo, Aureliano, inseguì i Goti oltre il Danubio, ma ritenne che cacciarli dalla Romania fosse troppo difficile. I conflitti continui con i Goti nei Balcani destabilizzarono ulteriormente l'impero.

I Goti nell'Europa occidentale furono chiamati Visigoti, mentre quelli nell'Europa orientale Ostrogoti. Alla fine, conquistarono tutta l'Europa meridionale.

I Vandali provenivano dalla Polonia meridionale e migrarono in Germania e nella Repubblica Ceca. Costantino permise loro di stabilirsi nell'Europa centrale. Successivamente, gli Unni li scacciarono, spingendoli verso l'Europa occidentale. Si spostarono a sud verso la Spagna e infine si stabilirono in Nord Africa. Dalla loro nuova sede, lanciarono incursioni in Italia e nelle isole del Mediterraneo.

Durante la dinastia dei Severi, gli Alemanni provenienti dalla Germania e dalla Svizzera si trasferirono nell'Impero Romano. L'imperatore Caracalla li scacciò. Nella crisi del III secolo minacciarono nuovamente l'impero. L'imperatore Claudio li ricacciò in Germania. Vi rimasero per circa un secolo e poi attraversarono il Reno ghiacciato per invadere nuovamente l'impero.

I Sassoni attaccarono senza successo la Gran Bretagna nel 367. Un'altra tribù di invasori provenienti dalla Germania fu quella dei Franchi, che attaccarono la Francia insieme ai Sassoni. Quando i Romani si ritirarono dalla Britannia, gli Angli e i Sassoni (gli Anglosassoni) si stabilirono sull'isola.

Gli Unni erano originari della Russia meridionale e del Kazakistan. Nel 370 d.C., fecero la loro comparsa nelle aree confinanti con l'Impero Romano. Scacciarono i Goti e altre tribù, che migrarono nell'Impero Romano, causando disordine e distruzione. Alla fine, gli Unni iniziarono a invadere l'impero. Gli imperatori non erano in grado di respingerli, quindi corruppero gli Unni affinché si comportassero bene.

2. Il cambiamento climatico

Il cambiamento climatico probabilmente non è la prima cosa che viene in mente quando si pensa alla caduta di Roma. Tuttavia, secoli di clima caldo seguiti da clima fresco hanno contribuito al crollo dell'impero. A partire dal 200 a.C. circa, Roma ebbe un *optimum climatico*, un periodo di tempo stabile e caldo con molte piogge. Il clima era ottimo per Roma e le sue province. Nonostante le guerre e gli sconvolgimenti politici, Roma prosperava. Le fattorie producevano cibo in abbondanza.

Intorno al 150 d.C., il clima si fece più freddo intorno al Mediterraneo. L'aria più fredda significava meno pioggia e più carenza di raccolti. I Romani cominciarono ad avere problemi a trovare cibo sufficiente per sfamare la popolazione. Le persone affamate erano persone infelici ed era più probabile che causassero problemi. Potevano ribellarsi o addirittura uccidere l'imperatore. Roma dovette far arrivare il grano, ma questo comportò nuovi problemi.

3. Pandemie

Il cambiamento climatico coincise con due terribili pandemie. La Peste Antonina colpì nel 165 d.C. e fu seguita dalla Peste di Cipriano nel 215 d.C. Il clima più freddo causò le pandemie? No, non fece ammalare le persone. Tuttavia, causò interruzioni che portarono alla diffusione delle malattie. Per esempio, meno pioggia significava raccolti più scarsi. Le persone tendevano a spostarsi in aree con più cibo. Più migrazioni significavano una maggiore diffusione della malattia.

Roma doveva spedire il grano dal Nord Africa e da altre zone meno colpite dalla siccità. I topi erano sulle navi che trasportavano il grano. Probabilmente diffusero i virus in tutto il Mediterraneo. Queste pandemie mortali uccisero milioni di persone.

Le pandemie significavano meno soldati per combattere gli invasori. Inoltre, causarono crisi economiche. La popolazione paralizzata non era in grado di produrre cibo e beni allo stesso ritmo di prima.

4. L'economia crollò

Invasioni, epidemie e clima instabile colpirono l'economia. Anche il costante eccesso di spesa e le tasse opprimenti di Roma ebbero un impatto sull'economia. Dove finiva il denaro? I giochi che si tenevano al Colosseo erano gratuiti per tutti. L'élite ricca di Roma pagava alcuni dei giochi per ottenere il favore di tutti e il governo ne sponsorizzava molti per celebrare eventi speciali.

La necessità di difendere costantemente i confini dalle invasioni dei barbari e dei Persiani prosciugava il bilancio. Nel frattempo, le fonti di reddito di Roma si stavano esaurendo. La maggior parte delle entrate della tarda Repubblica e dell'Inizio dell'Impero proveniva dalle ricchezze acquisite nelle terre conquistate. Il governo tassò anche le fattorie, le botteghe e il commercio.

Nel III secolo d.C., Roma aveva smesso di conquistare nuove terre. Cercava disperatamente di non diventare una terra di conquista. Senza il denaro proveniente dalle conquiste militari, la principale fonte di reddito del governo erano le tasse. Le tasse aumentavano sempre di più per pagare gli enormi costi di difesa dell'Impero da Unni, Vandali e altri invasori.

Un altro problema era rappresentato dai pirati. L'impero era sempre dipeso dal commercio marittimo. Ma ora i pirati erano ovunque nei mari. Un tempo, i Romani avevano tenuto a bada i pirati. Ora, la loro flotta era impegnata a combattere le invasioni. Le vie d'acqua non erano più sicure per le navi mercantili. Il commercio si interruppe, sgretolando ulteriormente l'economia dell'impero.

5. Leadership incompetente

Diocleziano sapeva che l'Impero era troppo grande per essere gestito da un solo imperatore. Così, iniziò la tendenza ad avere due o più imperatori in posizioni strategiche. Costantino divise l'impero tra i suoi figli e nipoti. Tuttavia, la famiglia di Costantino si eliminò a vicenda invece di collaborare. Alla fine, l'Impero si divise definitivamente in Impero Romano d'Oriente e Impero Romano d'Occidente.

Il governo era corrotto e instabile. Ai militari romani piaceva un imperatore che fosse intelligente sul campo di battaglia, ma un uomo in grado di vincere le battaglie poteva dirigere il governo. Se le decisioni sbagliate di un imperatore costavano troppe vite o perdevano battaglie, i militari a volte lo uccidevano. Gli imperatori codardi erano anche peggio. Si arrivò al punto in cui i militari sceglievano la maggior parte degli imperatori.

Come si svolse la caduta dell'Impero d'Occidente?

Prima di morire, Costantino nominò i suoi tre figli, Costantino II, Costanzo II e Costante, imperatori principali. I suoi nipoti, Dalmazio e Annibaliano, erano invece gli imperatori minori. Tuttavia, dopo la morte di Costantino, i suoi figli uccisero gli imperatori minori. Costantino II governò la Britannia, la Francia e la Spagna. Costanzo era ancora un ragazzo, quindi Costantino II governò come suo reggente l'Italia, la Libia e l'Europa centrale. Costanzo prese l'Egitto, la Grecia, la Bulgaria e l'Asia occidentale.

Quando Costanzo divenne abbastanza grande per diventare imperatore, Costantino II rifiutò di consegnargli le sue province e i due entrarono in guerra. Costanzo uccise il fratello maggiore e ottenne la sua terra e quella di Costantino. Costanzo II divenne imperatore dell'Oriente e, dopo la morte del fratello Costante I, entrò in guerra contro Magnenzio, usurpatore del potere in Occidente. Nel 353 d.C., dopo aver sconfitto Magnenzio, Costanzo II fu l'unico imperatore dell'Impero Romano.

Costanzo e il re persiano Sapore II si fecero guerra per anni. Nel 350, Sapore attaccò Nisibis, al confine settentrionale della Siria. Deviò il fiume Mygdonius e inondò la valle che circondava la città. Poi fece navigare le sue navi fino alle mura della città, abbattendone una parte. I suoi elefanti da guerra rimasero però bloccati nel fango e dovette partire rapidamente per difendere la Persia da un attacco degli Unni.

Nel 361, Costanzo si ammalò e, in punto di morte, dichiarò suo cugino Giuliano come successore. Giuliano aveva abbandonato la fede cristiana da giovane per abbracciare i Misteri Eleusini, un culto delle dee Demetra e Persefone. Regnò per soli due anni, finché una lancia non lo trafisse mentre combatteva contro i Persiani. Dopo la sua morte, le legioni nominarono l'imperatore il loro generale Gioviano, che morì misteriosamente otto mesi dopo.

Valentiniano.⁴⁸

Nel 364, l'ex tribuno Valentiniano divenne imperatore, nominando suo fratello, Valente, co-imperatore. Valente governò l'Impero Romano d'Oriente da Costantinopoli, mentre Valentiniano governò l'Impero Romano d'Occidente da Milano. Valentiniano respinse con successo un'invasione degli Alemanni in Francia. Nel frattempo, Valente combatté e uccise Procopio, l'unico discendente maschio della dinastia costantiniana, che aveva cercato di rivendicare l'Impero.

In Britannia, le truppe romane che difendevano il Vallo di Adriano erano state ridotte e, alla fine, abbandonarono i loro posti. Durante la Grande Cospirazione, diverse tribù si allearono per attaccare la Britannia: i Pitti attraversarono il vallo, mentre gli Scozzesi e i Sassoni attaccarono via mare, conquistando quasi tutte le città romane dell'isola.

Il generale Flavio Teodosio il Vecchio e suo figlio Teodosio I salvarono la situazione nel 369. Attraversarono la Manica e si introdussero a Londinium (Londra), sorprendendo le tribù barbariche. Le cacciarono dalla Britannia e rinforzarono il Vallo di Adriano con truppe nuove.

Cinque anni dopo, l'imperatore Valentiniano si scontrò con i Quadi della Moravia. "Perché costruisci fortezze romane sulla nostra terra?" si lamentarono. "Abbiamo fatto dei trattati con voi!".

"Alcuni di voi stanno attraversando il confine per attaccare le mie terre" replicò Valentiniano. Durante un'accesa discussione, Valentiniano morì per un ictus. Suo fratello, Valente, continuò a governare l'Impero Romano d'Oriente. I figli di Valentiniano, Graziano e Valentiniano II, divennero co-imperatori dell'Impero Romano d'Occidente.

Valente non era un buon comandante militare, ma riuscì comunque a guidare i suoi eserciti contro i Goti in Bulgaria. "Le mie truppe stanno arrivando!", Graziano gli inviò un messaggio. "Aspetta che arriviamo!".

Tuttavia, Valente voleva la gloria per sé. Guidò le sue truppe contro i Goti e il risultato fu catastrofico: i Goti uccisero Valente e due terzi dell'esercito dell'Impero Romano d'Oriente. Graziano nominò Teodosio I nuovo imperatore d'Oriente, generale che con il padre aveva ottenuto la stupefacente vittoria in Britannia.

Nel 383, un celtico di nome Magno Massimo invase la Francia, uccise Graziano e prese il controllo di Francia, Britannia e Spagna. Teodosio marciò verso ovest nel 388, sconfisse e uccise Massimo, e riprese i territori occidentali. Valentiniano II, fratello di Graziano, rimase unico imperatore dell'Occidente, ma nel 392 si impiccò o fu assassinato. Teodosio morì l'anno successivo, lasciando come successori i suoi due figli bambini, Onorio e Arcadio.

Stilicone il Vandalo era sposato con la nipote di Teodosio. Divenne il reggente di Onorio per l'Impero Romano d'Occidente. Il pretore prefetto Rufino governò essenzialmente l'Impero Romano d'Oriente, finché i Goti non lo uccisero nel 398. Arcadio morì nel 408, lasciando il figlio Teodosio II, di sette anni, come imperatore dell'Impero Romano d'Oriente. La sorella di Teodosio, Pulcheria, divenne imperatrice d'Oriente finché il fratello non fu abbastanza grande per governare.

Nel 410, una carestia colpì l'Italia. L'esercito del re visigoto Alarico, composto da schiavi fuggiaschi e Goti, prese d'assalto Roma. Uccise o ridusse in schiavitù la maggior parte della popolazione, che era troppo debole per difendersi. Rubò tutti gli oggetti di valore che i suoi uomini potevano trasportare e bruciò gli edifici storici intorno al Foro. Lasciò illese le cattedrali di Pietro e Paolo. Pochi mesi dopo, Alarico morì. Il suo esercito si recò nel sud-ovest della Francia e fondò il Regno Visigoto.

Nel frattempo, la Britannia era nel caos. Era governata da usurpatori. I cittadini romani in Britannia implorarono Onorio di ristabilire l'ordine, ma egli non aveva le risorse necessarie. La Britannia era da sola.

Nell'Impero Romano d'Oriente, gli Unni attaccano Costantinopoli. Teodosio fece un accordo con loro. "Ecco 350 libbre d'oro. Lasciate in pace Costantinopoli e potrete vivere nell'impero finché sarete pacifici". Gli Unni accettarono, ma pretesero 350 libbre d'oro ogni anno. Quando Attila divenne il loro capo, raddoppiò la tangente.

Onorio morì nel 423. Teodosio II mise sul trono dell'Impero Romano d'Occidente il cugino Valentiniano III, di sette anni. La madre di Valentiniano, Galla Placidia, governò fino a quando il figlio non fu abbastanza grande per diventare imperatore. L'Impero Romano d'Occidente aveva già perso la Britannia. I Visigoti e i Franchi controllavano ormai la maggior parte della Francia. Nel 428, i Vandali conquistarono il Nord Africa, principale fonte di grano dell'impero. I due imperatori si unirono per attaccare i Vandali, ma i Persiani attaccarono l'Impero Romano d'Oriente. Attila l'Unno attaccò l'Occidente. L'Impero Romano d'Occidente subì un'umiliante sconfitta da parte di Attila. Egli costrinse l'Impero Romano a pagargli 2100 libbre d'oro all'anno.

In base alle monete del suo tempo, Attila potrebbe aver avuto l'aspetto di questa raffigurazione in un museo in Ungheria, che probabilmente era il suo luogo di nascita."

Nel 450, Teodosio II cadde da cavallo e morì. Non aveva figli maschi. Sua sorella Pulcheria sposò un amministratore di palazzo di nome Marciano e insieme governarono l'Impero Romano d'Oriente. A questo punto, l'Oriente e l'Occidente non erano più un impero unito. Erano più che altro due imperi separati che occasionalmente si alleavano per combattere i nemici. Quando Marciano divenne imperatore, interruppe i pagamenti ad Attila l'Unno da parte dell'Impero Romano d'Oriente.

Gli assassini uccisero Valentiniano III nel 455. Uno dei complici del suo assassinio, Petronio Massimo, rubò il trono dell'Impero Romano d'Occidente. Nel caos, i Vandali salparono dal Nord Africa e attaccarono l'Italia. Abbatterono gli acquedotti di Roma che portavano alla città, ma Papa Leone I li incontrò alle porte della città. "Non apriremo le porte finché non prometterete di non danneggiare persone o proprietà a Roma". I Vandali lo promisero al Papa. Rubarono i tesori della città e ridussero in schiavitù alcune persone, ma non bruciarono la città né uccisero molti cittadini. Tuttavia, nella confusione, i Romani uccisero Massimo.

I due decenni successivi furono un periodo di omicidi e caos nell'Impero Romano d'Occidente. I signori della guerra barbari imperversavano e gli imperatori fantoccio non potevano fare nulla per fermarli. Il generale Oreste, inviato di Attila l'Unno, nel 475 nominò imperatore dell'Impero Romano d'Occidente suo figlio di dieci anni, Romolo Augustolo, che durò solo poche settimane. Il re Odoacre guidò un'orda di tribù germaniche in Italia, costringendo il re bambino Romolo ad abdicare il 4 settembre del 476. L'Impero Romano d'Occidente era crollato.

Quali furono le conseguenze della caduta dell'Impero Romano?

La caduta dell'Impero Romano d'Occidente fece precipitare l'Europa occidentale nel Medioevo. Invece di un forte governo centrale, l'Europa occidentale fu divisa in piccoli regni, ognuno con un proprio sovrano. Si sviluppò un sistema gerarchico chiamato feudalesimo. La popolazione crollò a causa di pestilenze, guerre e instabilità. Roma, che un tempo era una città di circa mezzo milione di abitanti, si ridusse a circa trentamila. Quasi tutti gli abitanti di Milano furono uccisi o ridotti in schiavitù nel 539, quando gli Ostrogoti attaccarono. L'Europa occidentale perse molte delle sue grandi città e divenne una società rurale.

La Chiesa cattolica romana divenne la forza dominante in politica, istruzione e cultura. L'Europa perse gran parte delle sue conoscenze tecniche in settori come l'ingegneria civile. Senza un governo centrale che proteggesse le strade e i mari, il commercio e lo scambio di idee nel mondo occidentale si interruppero. L'economia collassò e le persone abbandonarono le città. Divennero servi della gleba alle dipendenze di ricchi proprietari terrieri, che davano loro protezione in cambio di lavoro. Le comunità si isolarono, il pensiero intellettuale e la cultura classica greco-romana svanirono.

Tuttavia, l'eredità di Roma continuerà a perdurare. Durante il Rinascimento, le idee classiche dell'antica Grecia e di Roma riemersero, permettendo alle persone di celebrare nuovamente i successi del passato.

Attività di riepilogo

Guarda l'elenco degli eventi chiave della storia dell'antica Roma. Numerali (a destra di ogni frase) nell'ordine in cui sono accaduti. Controlla le risposte alla fine del libro.

1. Cesare, Crasso e Pompeo formano il Primo Triumvirato.
2. Costantino e Licinio emisero l'Editto di Milano.
3. Adriano costruì il muro che attraversava la Britannia.
4. Romolo fondò la nuova città di Roma.
5. Spartaco guidò la Grande Rivolta degli Schiavi.
6. Tarquinio costruì il Circo Massimo e la Cloaca Maxima.
7. I Celti Senoni saccheggiarono e bruciarono Roma.
8. Il re bambino Romolo Augusto abdicò al trono.
9. Fu inaugurato il Colosseo.
10. La Grande Cospirazione quasi cacciò i Romani dalla Britannia.
11. I plebei ottennero la loro Assemblea della Plebe.
12. I Romani rovesciarono la monarchia e fondarono la Repubblica.

Soluzioni delle attività di riepilogo

Capitolo 1: Cruciverba

Chi o cosa sono?

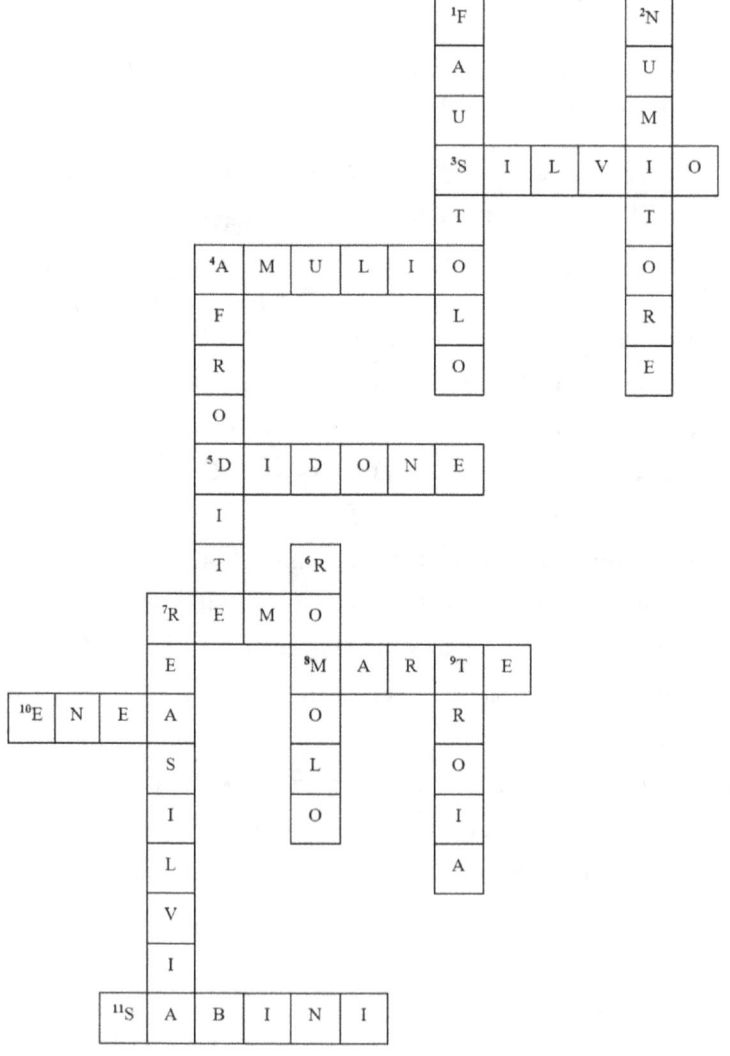

Orizzontale:

3. Silvio

4. Amulio

5. Didone

7. Remo

8. Marte

10. Enea

11. Sabini,

Verticale:

1. Faustolo

2. Numitore

4. Afrodite

6. Romolo

7. Rea Silvia

9. Troia

Capitolo 2: Quiz

Cerchia la risposta corretta in queste domande a scelta multipla.

1. Chi costruì il Circo Massimo e il sistema fognario della Cloaca Massima?

    d. Tarquinio Prisco

2. Chi guidò la rivolta che rovesciò la monarchia?

    a. Bruto

3. Chi eleggeva i consoli, i censori e i pretori?

    b. L'Assemblea Centuriata

4. Quale fu una delle più grandi battaglie navali della storia?

    b. La battaglia di Capo Ecnomo

5. Chi gettò i polli sacri in mare?

    b. Pulcher

Capitolo 3: Definizione della parola o della frase

1. **Gallia transalpina:** Francia meridionale.
2. **"Attraversare il Rubicone":** Raggiungere un punto di non ritorno o impegnarsi in una rivoluzione.
3. **Calendario giuliano:** Il calendario di Giulio Cesare con 365 giorni e un giorno in più a febbraio ogni quattro anni.
4. **Il Secondo Triumvirato:** Alleanza stipulata nel 43 a.C. tra Ottaviano, Antonio e Lepido.
5. **Princeps Senatus/Princeps Civitatis:** "Primo nel Senato, primo tra i cittadini". Originariamente un titolo per il leader del Senato, divenne poi sinonimo di "imperatore" a partire da Cesare Augusto.
6. **Politeismo:** Adorare molte divinità.
7. **Colosseo:** Il più grande anfiteatro della storia antica, dove i romani si riunivano per assistere alle corse dei carri, ai combattimenti tra gladiatori e alle cacce di animali.
8. **Peste Antonina:** Un'epidemia iniziata nel 165 d.C., probabilmente di morbillo o vaiolo. Uccise cinque milioni di persone nell'Impero.
9. **Pax Romana:** "Pace romana". Due secoli di relativa pace, dal 27 a.C. al 180 a.C. Durante questo periodo, le legioni romane mantennero legge e ordine nell'impero, favorendo il commercio, l'ingegneria e la cultura. Fu un periodo che facilitò anche la diffusione del Cristianesimo.
10. **Idi di marzo:** Il 15 marzo, giorno in cui Giulio Cesare fu assassinato dai senatori.

Capitolo 4: Ricerca per parole

A	N	A	I	R	O	T	E	R	P	A	I	D	R	A	U	G
							T									
							L									
	M	A	R	I	O		U							A		
							P							I		
			E				A							L		
			N				T							G		
			O				A							A		
			I	E	T	R	O	O	C		P	I	L	U	M	
O			G								U				I	
F			E								G				D	
N			L								I				A	
O											O				T	
I															T	
R															O	
T						A	I	R	U	T	N	E	C			

1. Un'unità dell'esercito romano composta da ottanta a cento soldati: (centuria)
2. Sei centurie, composte da 480-600 uomini: (coorte)
3. Dieci coorti o circa quattromila-seimila uomini: (legione)
4. Un'unità d'élite che proteggeva l'imperatore: (Guardia Pretoriana).
5. Un pugnale romano: (pugio)
6. Una lancia romana: (pilum)
7. Una macchina d'assedio usata per scagliare rocce o pentole d'olio infuocato contro il nemico: (catapulta).
8. Una parata e una cerimonia per celebrare una vittoria bellica romana: (trionfo).

9. Il console romano che riformò l'esercito di Roma: (Mario).

10. Piccoli cerchi di ferro collegati tra loro per formare un'armatura: (cotta di maglia).

Capitolo 8: Vero o falso?

Indica Vero (V) o Falso (F) per ogni affermazione. Controlla le risposte alla fine del libro.

(T) 1. Camillo era un ex dittatore romano che era stato esiliato.

(T) 2. Crasso si arricchì grazie alle miniere d'argento, al traffico di schiavi e ai loschi affari terrieri.

(F) 3. Giulio Cesare scrisse i Commentari delle guerre galliche sulle sue conquiste in Galilea (Gallia/Francia).

(F) 4. Cicerone diceva alla gente di credere a ciò che dicevano gli esperti e di non cercare di pensare con la propria testa.

(T) 5. Cleopatra sedusse Marco Antonio vestendosi da Afrodite.

(T) 6. La moglie di Marco Antonio, Fulvia, entrò in guerra contro Ottaviano.

(F) 7. Agrippa era il nemico mortale (il migliore amico) di Ottaviano (Cesare Augusto).

(T) 8. Nerone incolpò i cristiani quando Roma bruciò.

(F) 9. L'Impero Romano si ridusse (raggiunse le sue dimensioni maggiori) durante il regno di Traiano.

(F) 10. Adriano costruì il Vallo di Adriano in ~~Giudea~~ (Britannia).

Capitolo 9: Riempire lo spazio vuoto

Settimo <u>Severo</u> fu il primo imperatore africano dell'Impero Romano. Diede inizio alla dinastia dei Severi. Durante questo periodo, nelle province si verificarono persecuzioni contro i cristiani. La dinastia dei Severi terminò con la <u>crisi del III secolo</u>, quando invasioni, una terribile pestilenza, un disastro economico e il caos politico quasi distrussero l'impero. Quando l'impero si riprese, <u>Diocleziano</u> lo divise in quattro sezioni guidate da due imperatori principali e due imperatori minori. Lui e <u>Galerio</u> iniziarono la <u>Grande persecuzione</u> dei cristiani. Migliaia di persone morirono. Mentre stava morendo, Galerio emanò l'<u>Editto di Tolleranza</u> nel 311, che pose fine alla persecuzione dei cristiani imposta dallo Stato. <u>Costantino</u> divenne infine l'unico imperatore dell'Impero

Romano. Costruì la sua nuova capitale, <u>Costantinopoli</u>, sullo stretto del Bosforo. Convocò il <u>Concilio di Nicea</u> per far discutere i vescovi sulla Trinità.

Capitolo 10: Cosa è successo quando?

Cesare, Crasso e Pompeo formano il Primo Triumvirato. **(7)**

Costantino e Licinio emisero l'Editto di Milano. **(10)**

Adriano costruì il muro che attraversava la Britannia. **(9)**

Romolo fondò la nuova città di Roma. **(1)**

Spartaco guidò la Grande Rivolta degli Schiavi. **(6)**

Tarquinio costruì il Circo Massimo e la Cloaca Maxima. **(2)**

I Celti Senoni saccheggiarono e bruciarono Roma. **(5)**

Il re bambino Romolo Augusto abdicò al trono. **(12)**

Fu inaugurato il Colosseo. **(8)**

La Grande Cospirazione quasi cacciò i Romani dalla Britannia. **(11)**

I plebei ottennero la loro Assemblea della Plebe. **(4)**

I Romani rovesciarono la monarchia e fondarono la Repubblica. **(3)**

Bibliografia

Appian. *Punic Wars.* http://www.perseus.tufts.edu/hopper/text?doc=Perseus%3Atext%3A1999.01.02
30%3Atext%3DPun.%3Achapter%3D16%3Asection%3D111

Barchiesi, Alessandro and Walter Scheidel. *The Oxford Handbook of Roman Studies.* Oxford: Oxford University Press, 2010.

Boatwright, Mary T., Daniel J. Gargola, Noel Lenski, Richard J. A. Talbert. *The Romans: From Village to Empire: A History of Rome from Earliest Times to the End of the Western Empire.* Oxford: Oxford University Press, 2011.

Caesar, Julius. *The Gallic Wars.* Translated by W. A. McDevitte and W. S. Bohn. The Internet Classics Archive. http://classics.mit.edu/Caesar/gallic.1.1.html

Casson, Lionel. *Everyday Life in Ancient Rome.* Baltimore: Johns Hopkins University Press, 1998.

Chandler, David L. "Riddle Solved: Why Was Roman Concrete So Durable?" *MIT News Office* (January 6, 2023). https://news.mit.edu/2023/roman-concrete-durability-lime-casts-0106

Cicero. *Pro Cluentio.* http://www.thelatinlibrary.com/cicero/cluentio.shtml

Davies, Penelope J. E. *Architecture and Politics in Republican Rome.* Cambridge: Cambridge University Press, 2017.

DiBacco, Cory R. "The Position of Freedmen in Roman Society." *MAD-RUSH Undergraduate Research Conference,* (Spring 2017), JMU Scholarly Commons. https://commons.lib.jmu.edu/cgi/viewcontent.cgi?article=1069&context=madrush

Dio, Cassius. *Roman History.* Translated by H. B. Foster. Volume I of the Loeb Classical Library edition, New York: Macmillan Publishers, 1914.

https://penelope.uchicago.edu/Thayer/E/Roman/Texts/Cassius_Dio/1*.html.

Gwynn, David M. *The Roman Republic: A Very Short Introduction.* Oxford: Oxford University Press, 2012.

Jones, Christopher. "The Emperor and the Giant." *Classical Philology* 95, no. 4 (2000): 476-81. http://www.jstor.org/stable/270519.

Josephus, Flavius. *The Jewish War.* http://penelope.uchicago.edu/josephus/war-3.html

Lintott, Andrew. *The Constitution of the Roman Republic.* Oxford: Oxford University Press, 2003.

Livy. *The Rise of Rome: Books One to Five.* Oxford: Oxford University Press, July 1, 2009.

Martin, Thomas R. *Ancient Rome: From Romulus to Justinian.* New Haven: Yale University Press, September 10, 2013.

Mitchell, Thomas N. "Roman Republicanism: The Underrated Legacy." *Proceedings of the American Philosophical Society* 145, no. 2 (2001): 127-37. http://www.jstor.org/stable/1558267.

Nicolaus of Damascus. *Life of Augustus.* Translated by Clayton M. Hall. https://web.archive.org/web/20070714144802/http://www.csun.edu/~hcfll004/nicolaus.html

Ovid. *Metamorphoses.* Translated by Sir Samuel Garth, John Dryden, et al. http://classics.mit.edu/Ovid/metam.1.first.html

Plutarch. *Fall of the Roman Republic.* London: Penguin Classics, 2006.

Plutarch. *De Fortuna Romanorum.* Translated by F. C. Babbitt. Vol. IV of the Loeb Classical Library edition, Cambridge: Harvard University Press, 1936. https://penelope.uchicago.edu/Thayer/E/Roman/Texts/Plutarch/Moralia/Fortuna_Romanorum*.html#T320c.

Plutarch. *The Parallel Lives.* Loeb Classical Library edition, 1914. https://penelope.uchicago.edu/Thayer/e/roman/texts/plutarch/lives/home.html

Polybius. *The Rise of the Roman Empire.* London: Penguin Classics, February 28, 1980.

Ricciotti, Giuseppe. *The Age Of Martyrs: Christianity from Diocletian (284) to Constantine (337).* Gastonia, North Carolina: TAN Books, January 1, 2009.

Sheridan, Paul. "The Sacred Chickens of Rome." *Anecdotes from Antiquity.* November 8, 2015. http://www.anecdotesfromantiquity.net/the-sacred-chickens-of-rome/

Urbanus, Jason. "A Shrine to Romulus." *Archaeology Magazine.* Archaeological Institute of America, February 2021. https://www.archaeology.org/issues/406-2101/features/9269-rome-romulus-shrine.

Virgil. *The Aeneid Book IV.* Translated by A. S. Kline. Poetry in Translation, 2002. https://www.poetryintranslation.com/PITBR/Latin/VirgilAeneidIV.php

Fonti delle immagini

[1] https://commons.wikimedia.org/wiki/File:Batoni,_Pompeo_%E2%80%94_Aeneas_fleeing_from_Troy_%E2%80%94_1750.jpg

[2] https://commons.wikimedia.org/wiki/File:Tiepolo_-_Latinus_Offering_his_Daughter_Lavinia_to_Aeneas_in_Matrimony,_1753_%E2%80%93_1754_,_KMS4201.jpg

[3] Trougnouf, CC BY 4.0 <https://creativecommons.org/licenses/by/4.0>, via Wikimedia Commons: https://commons.wikimedia.org/wiki/File:Maison_de_la_Louve_(DSC_0377).jpg

[4] Foto ingrandita, etichette aggiunte: Cassius Ahenobarbus, CC BY-SA 3.0 <https://creativecommons.org/licenses/by-sa/3.0>, via Wikimedia Commons: https://commons.wikimedia.org/wiki/File:Ligue-latine-carte.png

[5] https://commons.wikimedia.org/wiki/File:Nicolas_Poussin_-_L%27Enl%C3%A8vement_des_Sabines_(1634-5).jpg

[6] https://commons.wikimedia.org/wiki/File:Servius_Tullius_by_Frans_Huys.jpg

[7] https://commons.wikimedia.org/wiki/File:Fran%C3%A7ois-Joseph_Navez001.jpg

[8] Foto ingrandita.: https://commons.wikimedia.org/wiki/File:Cicer%C3%B3n_denuncia_a_Catilina,_por_Cesare_Maccari.jpg

[9] Mathiasrex, CC BY-SA 3.0 <http://creativecommons.org/licenses/by-sa/3.0/>, via Wikimedia Commons; https://commons.wikimedia.org/wiki/File:Romtrireme.jpg

[10] https://commons.wikimedia.org/wiki/File:Schlacht_bei_Zama_Gem%C3%A4lde_H_P_Motte.jpg

[11] Alphanidon, CC BY-SA 4.0 <https://creativecommons.org/licenses/by-sa/4.0>, via Wikimedia Commons; https://commons.wikimedia.org/wiki/File:Pompey_the_Great.jpg

[12] https://commons.wikimedia.org/wiki/File:Death_of_Julius_Caesar_2.png

[13] *Stephencdickson, CC BY-SA 4.0 <https://creativecommons.org/licenses/by-sa/4.0>, via Wikimedia Commons: https://commons.wikimedia.org/wiki/File:Augustus_Caesar.png*

[14] *Homoatrox, CC BY-SA 4.0 <https://creativecommons.org/licenses/by-sa/4.0>, via Wikimedia Commons: https://commons.wikimedia.org/wiki/File:Roman_empire_14_AD_(provinces)_en.png*

[15] *Foto ingrandita. Avidius, CC BY-SA 4.0 <https://creativecommons.org/licenses/by-sa/4.0>, via Wikimedia Commons: https://commons.wikimedia.org/wiki/File:ClaudiusJupiter.jpg*

[16] *Diliff, CC BY-SA 2.5 <https://creativecommons.org/licenses/by-sa/2.5>, via Wikimedia Commons: https://commons.wikimedia.org/wiki/File:Colosseum_in_Rome-April_2007-1-_copie_2B.jpg*

[17] *Foto ingrandita: Passero (麻雀), CC BY-SA 4.0 <https://creativecommons.org/licenses/by-sa/4.0>, via Wikimedia Commons: https://commons.wikimedia.org/wiki/File:Pompeii_casts_18.jpg*

[18] *Foto ingrandita: Sergey Sosnovskiy, CC BY-SA 4.0 <https://creativecommons.org/licenses/by-sa/4.0>, via Wikimedia Commons: https://commons.wikimedia.org/wiki/File:Roman_warrior,_ca._80%E2%80%9420_BC.jpg*

[19] *Musei Vaticani, CC BY 3.0 <https://creativecommons.org/licenses/by/3.0>, via Wikimedia Commons: https://commons.wikimedia.org/wiki/File:Marius_Chiaramonti_Inv1488.jpg*

[20] *Museo d'Arte di Toledo, CC0, via Wikimedia Commons: https://commons.wikimedia.org/wiki/File:Toledo_Museum_of_Art_-_Portrait_of_a_Young_Man_in_Armor_(2).jpg*

[21] *Rpanjwani3, CC BY-SA 3.0 <https://creativecommons.org/licenses/by-sa/3.0>, via Wikimedia Commons: https://commons.wikimedia.org/wiki/File:Mang2.png*

[22] *https://commons.wikimedia.org/wiki/File:Pompeii_-_Casa_del_Poeta_Tragico_-_Theater_3.jpg*

[23] *https://commons.wikimedia.org/wiki/File:OstianInsulae.JPG*

[24] *Dennis Jarvis, CC BY-SA 2.0 <https://creativecommons.org/licenses/by-sa/2.0>, via Wikimedia Commons: https://commons.wikimedia.org/wiki/File:Dougga_cup-bearers_mosa%C3%AFc.jpg*

[25] *https://commons.wikimedia.org/wiki/File:Borghese_villa_gladiator_mosaic.jpg*

[26] *TimeTravelRome, CC BY 2.0 <https://creativecommons.org/licenses/by/2.0>, via Wikimedia Commons: https://commons.wikimedia.org/wiki/File:Nennig_Roman_Villa_and_Mosaics_-_51134391753.jpg*

[27] *Jamie Heath, CC BY-SA 2.0 <https://creativecommons.org/licenses/by-sa/2.0>, via Wikimedia Commons: https://commons.wikimedia.org/wiki/File:Circus_Maximus_Panel_(51220278177).jpg*

[28] *Foto ingrandita: ArchaiOptix, CC BY-SA 4.0 <https://creativecommons.org/licenses/by-sa/4.0>, via Wikimedia Commons: https://commons.wikimedia.org/wiki/File:Wall_painting_-_satyrs_as_tightrope_acrobats_-_Pompeii_(villa_di_Cicerone)_-_Napoli_MAN_9118.jpg*

[29] *https://commons.wikimedia.org/wiki/File:Mosaic_depicting_theatrical_masks_of_Tragedy_and_Comedy_(Thermae_Decianae).jpg*

[30] *Fubar Obfusco, CC0, via Wikimedia Commons:*

https://commons.wikimedia.org/wiki/File:Latrines_romaine_%C3%A0_Ostie..JPG

[81] A. Hunter Wright, CC BY-SA 3.0 <http://creativecommons.org/licenses/by-sa/3.0/>, via Wikimedia Commons: https://commons.wikimedia.org/wiki/File:Arch_of_Septimius_Severus_East.jpg

[82] Dave & Margie Hill / Kleerup da Centennial, CO, USA, CC BY-SA 2.0 <https://creativecommons.org/licenses/by-sa/2.0>, via Wikimedia Commons: https://commons.wikimedia.org/wiki/File:Thermopolium_(72541049600).jpg

[83] Roberto Ferrari, CC BY-SA 2.0 <https://creativecommons.org/licenses/by-sa/2.0>, via Wikimedia Commons: https://commons.wikimedia.org/wiki/File:Pont_du_Gard_3.jpg

[84] Pascal Reusch, CC BY-SA 3.0 <https://creativecommons.org/licenses/by-sa/3.0>, via Wikimedia Commons; https://commons.wikimedia.org/wiki/File:Ponte_Quattro_Capi.jpg

[85] https://commons.wikimedia.org/wiki/File:Aeolipile_illustration.png

[86] https://commons.wikimedia.org/wiki/File:Mosa%C3%AFque_des_bikinis,_Piazza_Armerina.jpg

[87] https://commons.wikimedia.org/wiki/File:Brennus_mg_9724.jpg

[88] Andrea Ferrucci, CC0, via Wikimedia Commons: https://commons.wikimedia.org/wiki/File:Julius_Caesar_MET_267739.jpg

[89] https://commons.wikimedia.org/wiki/File:Venus_and_Cupid_from_the_House_of_Marcus_Fabius_Rufus_at_Pompeii,_most_likely_a_depiction_of_Cleopatra_VII_(2).jpg

[40] https://commons.wikimedia.org/wiki/File:011-Mark_Antony,_with_Cleopatra_VII_-3.jpg

[41] Carlos Delgado, CC BY-SA 3.0 <https://creativecommons.org/licenses/by-sa/3.0>, via Wikimedia Commons https://commons.wikimedia.org/wiki/File:Ner%C3%B3n_y_Agripina.jpg

[42] Carole Raddato da FRANKFURT, Germania, CC BY-SA 2.0 <https://creativecommons.org/licenses/by-sa/2.0>, via Wikimedia Commons: https://commons.wikimedia.org/wiki/File:Hadrian-_An_Emperor_Cast_in_Bronze,_Israel_Museum_(27801269805).jpg

[43] © José Luiz Bernardes Ribeiro: https://commons.wikimedia.org/wiki/File:Portrait_of_family_of_Septimius_Severus_-_Altes_Museum_-_Berlin_-_Germany_2017.jpg

[44] https://commons.wikimedia.org/wiki/File:Cyprian_von_Karthago2.jpg

[45] Immanuel Giel, CC BY-SA 4.0 <https://creativecommons.org/licenses/by-sa/4.0>, via Wikimedia Commons: https://commons.wikimedia.org/wiki/File:Schlosskirche_(Blieskastel)_Chi-Rho.jpg

[46] York Minster, CC BY-SA 2.0 <https://creativecommons.org/licenses/by-sa/2.0>, via Wikimedia Commons: https://commons.wikimedia.org/wiki/File:Constantine_York_Minster.jpg

[47] Museo di Belle Arti di Boston, CC0, via Wikimedia Commons: https://commons.wikimedia.org/wiki/File:ClaudiusGothicusSC265569.jpg

[48] Classical Numismatic Group, Inc. http://www.cngcoins.com, CC BY-SA 2.5 <https://creativecommons.org/licenses/by-sa/2.5>, via Wikimedia Commons: https://commons.wikimedia.org/wiki/File:Valentinian1cng1570366obverse.jpg

[49] *A.Berger, CC BY-SA 3.0 <https://creativecommons.org/licenses/by-sa/3.0>, via Wikimedia Commons: https://commons.wikimedia.org/wiki/File:Attila_Museum.JPG*

www.ingramcontent.com/pod-product-compliance
Lightning Source LLC
Chambersburg PA
CBHW070334010526
44107CB00004B/509